中国少数民族会话读本

国家社科基金重大委托项目
《中国少数民族语言文化研究》成果

中国社会科学院创新工程学术出版资助项目

朝 克/主编

保安语
366句会话句

少数民族语
汉英日俄
对照

哈申格日乐/著

社会科学文献出版社
SOCIAL SCIENCES ACADEMIC PRESS (CHINA)

总 序

我国正处在文化大发展、大繁荣的美好时期。中央政府在十七届六中全会上,以全会名义提出文化事业繁荣发展的纲领性指示精神。这为我国文化事业的发展奠定了雄厚的思想理论基础,并指明了未来很长一段时期内文化事业科学发展的总路线。我们必须不失时机地紧紧抓住文化事业发展的大好机会,为我国古老文明的挖掘、整理、抢救、保护、传承和繁荣发展作出新的贡献,为我国的文化事业增添新的光彩、新的辉煌。我国是一个由多民族组成的和谐文明的国家,在这个大家庭里,各民族同胞互相尊重、和谐相处、相互学习、取长补短、共同努力、团结共进,用他们共同的劳动和智慧建设着美好的家园。

不过,我们同时也深刻感受到,在科学技术日益普及,经济社会快速发展,以及不同外来语言文化的直接或间接影响下,我国各民族的语言文化正不断走向濒危

或严重濒危。一些人口较少民族的语言，只有极其少数的传承人会讲、能懂、会用，而绝大部分人已经不再使用或不太熟悉了。在这关键时刻，我国政府高瞻远瞩地明确提出，要用最大的努力使不同民族的语言文化共同繁荣发展，要不惜代价地抢救和保护那些已经进入濒危或严重濒危状态的民族语言文化。这也是我们决定实施本项课题的初衷所在。

我们想通过本项课题，将我国55个少数民族的366句口语用特定符号系统转写下来，同时用汉语、英语、俄语、日语进行意译。这是为了：（1）让更多的人参与到对我国民族语言文化的抢救、保护、学习、传承的伟大事业中来；（2）抢救和保护濒危民族语言口语及其话语资料、口语历史文献等；（3）尽量对外传播我国55个少数民族语言口语及其会话知识。

但愿我们的这项工程能为我国民族语言文化的抢救、保护、传承、弘扬，为迎来我国各民族语言文化大繁荣大发展的美好时代起到积极的推动作用。

Preface

Now, China is in a time of cultural development and flourishing. In the Sixth Plenary Session of 17th CPC Central Committee, the programmatic instructions for cultural development were put forward. This laid a strong ideological and theoretical foundation for China's cultural development, and also marked its direction. We must grasp firmly this excellent opportunity for cultural development and do something to contribute toward the excavation, sorting, rescue, protection, transmission and development of China's advanced culture and ancient civilization. China is an ancient civilization where many ethnic groups coexist harmoniously. In China, members of all ethnic groups respect one another, get along harmoniously, learn from one another, and work together in unity in order to build a beautiful country.

However, we can see that our nation's linguistic culture

is constantly facing dangers, under the direct and indirect influences of the growing role of science and technology in everyday life, rapid economic and social development, and a variety of foreign languages and culture. For the language and culture of minority nationalities with very small population, only a few people can speak and understand them. Most people can't speak their ethnic language or have become less familiar with it. At this critical moment, the government has asked us to make the efforts to accomplish the flourishing and development of all different ethnic languages and their cultures at all costs, and to save and protect our ethnic languages and cultures. This is the reason why we implemented this project.

The purpose of this project is to put together 366 sentences used in everyday conversation in 55 ethnic minority languages by recording them using specific symbolic systems. We then translate them into Chinese, English, Russian and Japanese. This is to: (1) allow more people to participate in the rescue and protection of our nation's ethnic languages and cultures, and to learn and inherit them; (2) rescue and protect our nation's ethnic languages, oral materials pertaining to their spoken form and oral historical documents, especially the critically endangered ethnic languages; (3) strengthen as far as possible the international communication about China's 55 minority ethnic languages in their spoken form and knowledge about their dialogues.

We hope that this project can play an active role in the process of rescuing, protecting, developing and enriching our nation's ethnic language and culture. And we hope the project will help usher in a new era of shared flourishing of all of our nation's ethnic languages and cultures.

Предисловие

В данный момент наша страна встречает своё самое хорошее время, когда быстро развивается и процветается наша национальная культура. На 6 - м пленуме ЦК КПК 17 созыва выдвинулся программый курс на развитие и процветание культуры нашей страны, который заложил теоретическую основу и генеральную политику развития культуры Китая в будущем перспективном времени. Мы должны хорошо пользоваться таким случаем и всеми силами искать, упорядочить, спасать, защищать и наследовать китайскую цивилизацию и внести новый вклад в культурное дело нашей страны.

Наша страна – это древнее и многонациональное государство, в котором все национальности, как в одной семье, уважают друг другу, учатся друг другу, перенимают положительно друг у друга, дружно живут и работают, совместно строят свою прекрасную Родину.

В то же время мы и глубоко сознаем, что попав под влиянием глобазации во областях экономики и научно - техники всеобщее состояние языковой культуры нацменьшинств нашей страны очень печальное и беспокойное, она даже идёт на краю гибели. Сейчас только мало людей из нацменьшинств умеет говорить, понимать, использовать свой национальный язык. А большество нацменовских людей уже не говорят или не могут хорошо знать своего национального языка. Наше правительство на это обращает большое внимание и решает изо всех сил стараться спасти и защитить нацменовские языки и нацменовскую культуру нашей страны. Вот почему мы решили взяться за такую задачу － редактирование серию книг 《366 фраз диалогических речей по 55 национальностям Китая》.

Редактируя ряда таких книг, мы хотим, чтобы побольше людей могли участвовать в дело спасения, изучения, наследования и защиты национальных языков, чтобы спасти и защитить разговорный язык и письменные документы национальных культур, которые уже на краю гибели, чтобы широко распространять диалогических речей и языковые знания по 55 национальностям Китая.

Надеемся на то, что наша работа сможет принести большую пользу в наследование и защиту национальных языковых культур нашей страны. Мы верим, что уже приходит новая эпоха процветания национальных языковых культур нашей страны.

はしがき

　私達の国は、今、文化が大きく発展しつつあり、政府も、中国共産党第十六回大会第七次全体会議において、文化事業の発展に関する幾つかの方針を示したが、それは、今後の発展の思想的、理論的基礎を固めただけでなく、将来の科学的発展の路線を示すものでもあった。したがってこれを契機に、私達の国の文化および古代文明の発掘、整理、保護、伝承に関する事業は、新たな輝かしい成果を得ると考えて良いだろう。

　私達の国は、多民族が調和の中に暮らす文明大国である。各民族が互いを尊重し、友好的に接し、互いに学び、共に努力し、一致団結のもと、協働と共同の知恵によって、美しいホームランドを形づくっているのである。

　しかしその一方、現代の科学技術の普及や経済発展、様々な外来言語文化の直接？間接の影響などによっ

て、各民族の伝統的な言語文化が、深刻な存続の危機に瀕しているのも事実である。特に、人口の少ない一部の少数民族にあっては、自分達の伝統文化や言語を解する人が、極めて少人数になっている。このような現状に鑑み、私達の国は、自国の将来を見据え、最大の努力を尽くして各民族の言語文化を発展させること、また多大な代償をはらっても、深刻な存続の危機に陥っている言語文化を保護することを明確に示した。そしてこれは、私達がこのプロジェクトを実施する上での初志であると同時に、目的でもあるのである。

　プロジェクトを通じて、私達は366句の会話を、各55の少数民族の特定された記号システムによって転写し、その上に中国語、英語、ロシア語、日本語の訳文を付した。その目的は、(1) 大勢の人々に対し、我国民族言語文化の保護、学習、伝承事業への参加を促すため、(2) 深刻な存続危機に瀕している民族言語の口語資料、口語歴史文献などを保護するため、そして(3) 出来る限り我国55の少数民族の口語と会話資料を、対外的に広め、伝えるためである。

　このプロジェクトが、私達の国の民族言語文化の保護、発展、繁栄を促し、さらなる発展に寄与し、素晴らしい時代を迎える力になることを願ってやまない。

目　录

前　言 …………………………………… 1
凡　例 …………………………………… 4
保安语语音系统 ………………………… 6
保安语366句会话句 …………………… 1
　（一）samber asge
　　　（问候/Greetings/Приветствие/挨拶）………… 1
　（二）ketegu kuŋ chiŋkuaŋ
　　　（家庭情况/Family/Семья/家庭）………… 17
　（三）ndegu ugu
　　　（餐饮/Food and Drink/Поставка/飲食）………… 22
　（四）shuēsho
　　　（学校/School/Школа/学校）………… 33
　（五）goŋzuo
　　　（工作/Work/Работа/仕事）………… 44
　（六）shzhio、mor
　　　（时间、交通/Time and Transportation/
　　　Время、Коммуникация/時間、交通）………… 53

— 1 —

（七）teŋgereg

（天气/Weather/Погода/天気）………… 60

（八）dienhua ape

（打电话/Phone Call/Позвонить/電話をかける）… 65

（九）lo

（兴趣/Hobbies/Вкус/趣味）………… 70

（十）zazheg、ketegukuŋ

（婚姻、家庭/Marriage & Family/Брак и Семья/
結婚、家庭）………… 75

（十一）yiyuēn

（医院/Hospital/Больница/病院）………… 86

（十二）wozhian ab

（购物/Shopping/Покупка/買い物）………… 100

（十三）zhi zhiēn

（机场/At the Airport/Аэропорт/空港）……… 111

（十四）zhiēn

（宾馆/Hotel/Гостиница/ホテル）………… 123

（十五）golodetoregu

（旅游/Travel/Туризм/旅行）………… 137

保安语基础词汇300例 ………… 149

保安族节日 ………… 169

后　语 ………… 172

前　言

　　保安族是我国北方少数民族之一。主要聚居在甘肃省临夏回族自治州积石山保安族东乡族撒拉族自治县，还有一部分散居在甘肃的临夏、青海的同仁等市县。依据2000年我国人口普查，保安族人口为16505人。

　　关于保安族的来源，学界一般都认为是13世纪后，随"西域亲军"来到西北地区的已信仰伊斯兰教的蒙古人，在青海同仁一带驻军、放牧并与当地的回、汉、藏、土各族长期往来而逐渐形成的一个民族。"保安"之族称与他们当时的地域名称有关。据史料记载，明朝洪武四年（1371），在现今的青海省同仁县内的西山建过保安堡；明万历十三年（1585）在保安堡的基础上建立了保安城。生活在保安城内的人被称为保安人，保安人后来就成了保安族。清朝雍正年间（1723～1735），清政府又在保安城设立了"陕西河洲镇属保安营"。到了清同治元年（1862），为躲避当地土司首领和宗教阶

层的无端欺压，以及为了回避不断掀起的民族矛盾，保安族离开原住地——保安城，辗转迁徙来到现今的甘肃积石山安家落户。

保安语属于阿尔泰语系蒙古语族，保安语中有许多汉语借词。他们有自己的语言，但没有本民族语文字。保安族信仰伊斯兰教。

保安族有浓厚民族特色的民间文学、传说、故事、歌曲小调、谚语及其文化艺术。其中，最具代表性的传说有《神马》《撒谎者》《阿舅与外甥》《膝盖里的青蛙》等。还有以"保安令""六六儿三"为主调的丰富多彩的"花儿"民歌形式。

保安腰刀是保安族特有的手工艺品。而且，他们是以一家一户为单位进行生产。保安腰刀制作技艺高超，锋利耐用，精致美观。其中，最为著名的是，带有黄铜或红铜或用牛骨垒叠制成、清雅美丽图案的刀把的"双刀"和"双垒刀"，享有"十样景"的赞语，誉满甘肃、青海、西藏等省区。

保安族的饮食多以小麦、青稞和玉米为主，一般做成馒头、面条、油香等；肉食只吃羊肉、牛肉，忌食猪、马、驴等非反刍动物的肉和血以及凶禽猛兽。

保安族服饰有特殊的地方。男子喜戴号帽（白布圆小帽），穿白衫，套青布坎肩。在节日时戴小礼帽，穿

翻领大襟藏式长袍，束腰带，系腰刀，足登长筒马靴。妇女多喜穿紫红色、绿色等色彩鲜艳的灯芯绒衣裤。现在，也有许多妇女仿效汉族妇女，头上系各色纱巾。

新中国成立以后，1952年保安族被正式确定为一个单一民族，1981年，成立了积石山保安族东乡族撒拉族自治县。60余年来保安族人民的经济、文化生活得到了快速发展。农业、畜牧业、文教、卫生等方方面面都有了翻天覆地的变化。

凡　例

一、会话资料尽量选用与人们现代生活较为密切的366个短句。选择这些短句，主要是为了使人们易学、易记、易掌握、易使用。说是短句，但用民族语讲起来就变得长一些。

二、会话中用民族语讲起来比较有困难或译说相当麻烦，或者说由此使句子拉得很长的个别内容直接用民族语中习惯使用的借用语形式取而代之。

三、有的句子，用民族语原原本本地译出，确实有些难度。为此，对于类似的个别句子，主要依据民族语习惯说法进行表述或译写。

四、书中的保安语会话资料，主要使用了甘肃省临夏回族自治州积石山保安族东乡族撒拉族自治县境内的保安语口语调查资料。

五、转写符号主要运用了国际上较为普遍使用的音标系统。不过，其中的音标 e、ie、iee、zh、ch、

sh、y、h 等，分别替代该语言中经常用国际音标转写的短元音 ə、e、ɛ，长元音 ee，以及辅音 ʤ、ʧ、ʃ、j、χ 等。

六、该书选定的 300 个单词是与人们的日常生活最为密切，并有一定代表性的词汇成分。其中，名词最多，其次是动词、代词、形容词、数词，而副词、连词只是象征性地择取了一两个实例。不过，基本词汇尽量照顾到了使用率较高的词条。

七、基本词汇部分选入的词汇，按照名词、代词、形容词、动词、数词、副词、连词的先后顺序进行排列。

八、在基本词汇表中，虽然尽量照顾到了会话资料里出现的诸多词条，但借词、复合词，以及使用率较低的词等没有纳入列表中。

保安语语音系统

一、元音：元音有单元音、复元音和长元音。

1. 单元音：a、e（ə）、ë（ɛ）、i、u、o（ɵ）。

2. 复元音：ua、ue、ui、io（iɵ）、uo（uɵ）、au、ou（ɵu）、ei（əi）、ai。

3. 长元音：aa、ee（əə）、iee（ee）、ii、uu、oo（ɵɵ）。

二、辅音：辅音分单辅音和复辅音。

1. 单辅音：b、p、f、m、t、d、k（q→k）、s、ʁ、ŋ、c（ʦ）、y（j）、n（n→ɲ）、h（χ→ħ）、g（ɢ→g）、l（l→ɫ）、zh（ʤ→ʤ̢→ʐ）、ch（ç→ʧ→ʨ）、sh（ç→ʂ）、z（ʣ→z）、r（r→ʐ）、w（w→v）。

2. 复辅音：nd、mb、rd、rŋ、rm、rb、rg、sm、sd、sk、nz（nʣ）、hs（ħs）、hsh（ħç）、hd（ħd）、hg（ħg）、shb（ʂb）、shg（ʂg）、shd（ʂd）、shzh（ʂʤ）、gg（ʕg）、gl（ʕl）、gd（ʕd）、gzh（ʕʤ）、gz（ʕʣ）、

gz（ʕz）、gy（ʕj）、gr（ʕr）、nzh（ndʐ→ndʐ̩）、ŋg（ŋg→ŋɢ）、hzh（ɦdʐ→ɦdʐ̩）、gn（ʕn→ʕɲ）、gzh（ʕdʐ̩→ʕʐ）。

保安语366句会话句

(一) samber asɡe
问　候
Greetings
Приветствие
挨　拶

1. chi saŋ u?
   你　好　吗

   你好吗？
   How are you?
   Как дела?
   お元気ですか?

2. saŋ saŋ!
   好　好

   我很好!
   （I'm）Very well, thanks.
   Хорошо!
   元気です。

3. chine hogoŋ saŋ u?
   你的　身体　好　吗

   你身体好吗？
   How are you feeling today?
   Как здоровье?
   あなたの体調はいかがですか？

4. doguŋ nabtezhim.
   还　　可以

   还可以!
   I'm fine.
   Нормально.
   まあまあです。

5. mene hoɡoŋ tenteɡ saŋ le.
   我的　身体　那样　好　不

   我身体不太好。
   I'm not feeling well.
   Неважно.
   私の体調はあまりよくありません。

6. ēte saŋ!
   早　好

   早晨好!
   Good morning!
   Доброе утро!
   おはようございます。

7. shilaŋ saŋ!
   晚上　好

   晚上好!
   Good evening!
   Добрый вечер!
   今晚は。

8. chi taskura huaŋge u?
   你 最近 忙 吗

   你最近忙吗？
   Have you been very busy?
   Ты занят?
   最近お忙しいですか？

9. be yēde huaŋge le.
   我 太 忙 不

   我不太忙。
   I have not been very busy.
   Не очень занят.
   あまり忙しくないです。

10. be mohle huaŋge.
    我 很 忙

    我很忙。
    Oh, pretty busy.
    Занят.
    私は大変忙しいです。

11. chinda tanisaŋda mohle bēsna.
　　你　　认识　　很　高兴

　　认识你很高兴。
　　Nice to meet you!
　　Рад с вами познакомиться.
　　お会いできてとても嬉しいです。

12. chinda zhenzhazhii.
　　你　　　谢谢

　　谢谢你。
　　Thanks.
　　Спасибо!
　　ありがとうございます。

13. haarzhi zholgeya.
　　再　　　见

　　再见!
　　Goodbye! (See you!)
　　До свидания!
　　さようなら。

14. saŋ tera!
　　好　睡觉

　　晚安!
　　Good night!
　　Спокойной ночи!
　　おやすみなさい。

15. chine resaŋda bēsna.
　　你　　来　　高兴

　　欢迎你。
　　Welcome!
　　Приветствую вас!
　　ようこそ。

16. morda damo yugu!
　　路上　慢　走

　　路上慢走。
　　Take care! (Come back and see us again!)
　　Счастливого пути.
　　お気をつけて。

17. chi ossaŋ u?
 你 起床了 吗

 你起床了吗?
 Are you up yet?
 Ты встал?
 起きましたか?

18. be haarzhi gi os wi.
 我 还 没 起 在

 我还没起床。
 Not yet.
 Я ещё в кровати.
 まだ起きていません。

19. be yizhiŋ ossaŋ.
 我 已经 起床了

 我已经起床了。
 Yes, I am.
 Я уже встал.
 私はもう起きました。

20. chi gude shilaŋ saŋ terasaŋ u?
    你 昨 晚 好 睡了 吗

    你昨晚睡得好吗？

    Did you sleep well last night?

    Как вам спалось вчера вечером?

    昨日の夜、よく眠れましたか？

21. chine nare yaŋ?
    你的 名字 什么

    你叫什么名字？

    What's your name, please?

    Как тебя зовут?

    お名前は何ですか？

22. mene nare ×× gena.
    我的 名字 ×× 叫

    我叫××。

    My name is ...

    Меня зовут ××.

    お名前は何ですか？

23. chi yaŋ shiŋ?
    你 什么 姓

   你贵姓？（你姓什么？）
   What is your surname?
   Какая ваша фамилия?
   あなたの苗字は何ですか？

24. mene shiŋ ××.
    我的 姓 ××

   我姓××。
   My surname is ...
   Моя фамилия ××.
   私の苗字は××です。

25. chi nare pechichihaŋ shiŋ pechina u?
    你 名字 写时 姓 写 吗

   你写名字时写姓吗？
   Do you include your surname in your signature?
   А ты пишешь имя вместе с фамилией?
   あなたは名前を書く時、苗字を書きますか？

26. be shiŋ le pechine.
    我 姓 不 写

   我不写姓。
   No, I don't.
   Нет, без фамилии.
   私は苗字を書きません。

27. bede yinde mende shiŋ pechina.
    我们 必 须 姓 写

   我们必须写姓。
   But we have to.
   А мы обязательно с фамилией.
   私たちは苗字を必ず書きます。

28. ta   shiŋ hale pechina?
    你们 姓 哪里 写

   你们把姓写在哪里?
   Does your given name or family name come first?
   Где вы пишите фамилию?
   あなたたちは苗字をどこに書きますか?

29. nare mēlteshaŋ pechina.
    名字　前　面　写

　　写在名字前面。
　　The family name comes first.
　　Перед именем.
　　名前の前に書きます。

30. chine nare goozhine minzu kalaŋ u?
    你的　名字　自己　民族　语言　吗

　　你的名字是本民族语吗？
　　Is your name in your native language?
　　А твое имя на родном языке?
　　あなたの名前は母語の名前ですか？

31. chowa, be zha shgad nare apesaŋ.
    不是，我　汉　语　名字　起的

　　不是，我是用汉语起的名字。
　　No. My name is in Chinese.
　　Нет, моё имя на китайском языке.
　　いいえ、私は漢語で名前を付けました。

32. mba, be goozhine minzu kalaŋ nare apesaŋ.
　　是的，我　自己　民族　语言　名字　起的

　　是的，我是用母语起的名字。
　　Yes, indeed.
　　Да, моё имя на родном языке.
　　はい、私は母語で名前を付けました。

33. chi hale kuŋ?
　　你　哪里　人

　　你是哪里人？
　　Where are you from?
　　Вы откуда?
　　あなたはどこの人ですか？

34. be beizhiŋne kuŋ.
　　我　北京　　人

　　我是北京人。
　　I'm from Beijing.
　　Я пекинец.
　　私は北京の出身です。

35. chine gozhinesachi uleoroŋ mbou?
    你   家 乡   山区   是吗

   你家乡在山区吗?
   Are you from a mountainous area?
   Твоя родина в горном районе?
   あなたの故郷は山村ですか?

36. chowa, mene gozhinesachi taŋ wa.
    不是, 我   家 乡   草原 是

   不是,我家乡在草原。
   No, I'm from the prairie.
   Нет, моя родина в степном районе.
   いいえ、私の故郷は草原です。

37. mba, mene gar uleoroŋ wi.
    是的, 我   家 山区   在

   是的,我家在山区。
   Yes, I live in the mountains.
   Да, моя родина находится в горах.
   はいそうです、私の故郷は山村です。

— 13 —

38. mene gar bazer naŋde wi.
　　我　家　城　里　在

　　我家在城里。
　　I live in the city.
　　Моя семья в городе.
　　私の家は都市にあります。

39. azhaŋne gar ndewa wi.
　　他　　家　农村　在

　　他家在乡村。
　　He lives in the country.
　　Его семья в селе.
　　私の家は農村にいあります。

40. chi kutuŋ nasoŋ wa?
　　你　多少　岁数　了

　　你多大岁数了?
　　How old are you?
　　Сколько тебе лет?
　　あなたのお年は?

41. be nehoŋ harwaŋ nimaŋ nasoŋ wa.
　　我　这年　　十　　八　　岁　有了

　　我今年十八岁了。
　　I'm 18.
　　Мне в этом году уже 18 лет.
　　私は今年十八歳になりました。

42. azhaŋ haarzhi mohle zarekuŋ.
　　他　　还　　很　　年轻

　　他还很年轻。
　　He's still pretty young.
　　Он ещё молод.
　　彼はまだ若いです。

43. be yizhiŋ loleŋgezhi re.
　　我　已经　　老了

　　我已经老了。
　　I'm not young any more. (I'm getting old.)
　　Я уже старый.
　　私はもう年です。

44. chi fte naselazhi rega, mene rewa yi.
    您 长 年纪长 来 我 希望 有

　　祝您长寿！
　　I wish you a long life.
　　Желаю Вам долгих лет жизни.
　　お元気で。

45. mahshie zholgeya!
    明天　　　见

　　明天见！
　　See you tomorrow.
　　До завтра！
　　また明日。

（二）ketegu kuŋ chiŋkuaŋ
家庭　　情况
Family

Семья

家庭

1. ine chine gar u?
   这　你　家　吗

   这是你家吗？

   This is your family, isn't it?

   Это твоя семья?

   ここはあなたの家ですか？

2. chine gar kutuŋ kuŋ yi?
   你的　家　几口　人　有

   你家有几口人？

   How many people do you have in your family?

   Сколько человек в твоей семье?

   あなたの家は何人家族ですか？

3. gar naŋde abo amo gizhi be yi.
　家　　里　爸爸 妈妈 和 我 有

家里有爸爸、妈妈和我。
There are three people in my family: my father, my mother, and I.
В моей семье папа, мама и я.
家には父と母、そして私がいます。

4. chi gage deu azhi iegchidu wou?
　你　兄　弟　姐　妹　妹　有吗

你有兄弟姐妹吗?
Do you have siblings?
У тебя есть сестры и братья?
あなたには兄弟がいますか?

5. be hezhahaŋ shazhe o.
   我　　独　　孩子　是

   我是独生子。

   I'm the only child in my family.

   Я один.

   私は一人っ子です。

6. adzhaŋne abo keshyezhia o.
   他的　　爸爸　科学家　　是

   他爸爸是科学家。

   His father is a scientist.

   Его папа учёный.

   彼の父親は科学者です。

7. adzhaŋne amo regnibo o.
   她　　妈妈　艺术家　是

   她妈妈是艺术家。

   Her mother is an artist.

   Её мама художница.

   彼女の母親は芸術家です。

8. chine gar naŋde oleshaŋne kuŋ wou?
   你　家　里　其　他　人　有吗

   你家里还有其他人吗？
   Do you have any other relatives?
   Кто ещё есть в твоей семье?
   あなたの家にはほかに誰がいますか？

9. mene dēde gizhi nēne wi.
   我　爷爷　和　奶奶　有

   我有爷爷和奶奶。
   I have a grandfather and a grandmother.
   В моей семье ещё дедушка и бабушка.
   祖父と祖母がいます。

10. adzhala hane goŋzuo hamarazhi garde wa.
    他们　都　工作　休息　家　在

    他们都退休在家。
    They have retired.
    Они теперь уже на пенсии.
    彼らは定年退職して家にいます。

11. chi yaŋ ēsge?
    你 什么 做

    你在做什么？

    Do you work or are you a student?

    Чем ты занимаешься?

    あなたは何をしていますか?

12. be nege shuēsheŋ o.
    我 一 学生 是

    我是一名大学生。

    I'm in college.

    Я студент.

    私は大学生です。

（三）ndeɡu uɡu
餐　饮
Food and Drink
Поставка
飲　食

1. chi ŋguchi ndesaŋ u ?
你　饭　吃了　吗

你吃饭了吗?
Have you had dinner (breakfast or dinner) ?
Ты поел?
あなたはご飯を食べましたか?

2. ēse,　be ŋguchi ēse ndesaŋ wa.
没有, 我　饭　没　吃　在

没有, 我还没吃饭呢。
Not yet.
Нет, я ещё не ел.
いいえ、私はまだご飯を食べていません。

3. mbi, be yizhiŋ ndezhisu warsaŋ.
 对，我 已经　吃　　完了

 对，我已经吃过了。
 Yes, I have.
 Да, я уже поел.
 はい、私はもう食べました。

4. chi holo ndesaŋ u?
 你 早餐　吃过　吗

 你吃过早餐了吗？
 Have you had breakfast?
 Ты уже позавтракал?
 あなたは朝食を食べましたか？

5. adzhaŋ holo yaŋ ndesaŋ?
 他　　早餐 什么　吃了

 他早餐吃的什么？
 What did he have for breakfast?
 Что у него было на завтрак?
 彼は朝食に何を食べましたか？

6. gage hansi ndesaŋ.
   哥哥 面包 吃了

   哥哥吃的面包。
   My elder brother had some bread.
   Брат позавтракал хлебом.
   兄はパンを食べました。

7. zhigaŋ iegchidu nege bei unaŋ niezi usaŋ.
   小　　妹妹　一　杯　牛　奶　喝了

   小妹妹喝了一杯牛奶。
   My younger sister had a glass of milk.
   Сестра выпила молоко из стакана.
   妹は牛乳を一杯飲みました。

8. abo ēte　yiban kafei una.
   爸爸早餐 一般 咖啡 喝

   爸爸早餐一般都喝咖啡。
   My dad drinks coffee at breakfast.
   Папа обычно пьет кофе на завтрак.
   父は普段朝食にコーヒーを飲みます。

9. adzhaŋ kafei u loda ēle buna.
　　他　　咖啡　喝　不喜欢

　　他不喜欢喝咖啡。
　　He doesn't like coffee.
　　Он не любит пить кофе.
　　彼はコーヒーが嫌いです。

10. ndegi ndesaŋ u?
　　鸡蛋　吃过了　吗

　　吃过鸡蛋了吗？
　　Did you have an egg?
　　Съел ли ты яйцо?
　　卵を食べましたか？

11. ozhaŋlane gar ēte mishi ndena.
　　他们　　　家　早餐　稀粥　吃

　　他们家里早餐喝稀粥。
　　His family has porridge for breakfast.
　　Дома они едят кашу на завтрак.
　　彼らの家では朝食にお粥を食べます。

12. be dapumu harwaŋ guar shzhio naŋchiŋguchi ndegi.
    我 大约   十 二 点 午 饭 吃

    我大约在十二点吃午饭。
    I have lunch at around 12 o'clock.
    Я обедаю около в 12 часов утра.
    私は大体12時頃に昼ご飯を食べます。

13. ta   naŋchi ŋguchi yiban yaŋ ndene?
    你们 午   饭   一般 什么 吃

    你们午饭一般吃什么？
    What do you usually eat for lunch?
    Что вы едите на обед?
    あなたたちはお昼に何を食べますか？

14. naŋchi chaŋshite sherggunchi ndena.
    中午   经常   面条   吃

    中午经常吃面条。
    We often have noodles for lunch.
    Мы часто едим лапшу на обед.
    お昼にはよくうどんを食べます。

15. mene ieɡchidu naŋchi mohle choŋ ndena.
    我　　妹妹　　中午　　很　少　吃

我妹妹午饭吃的很少。

My younger sister doesn't eat a lot at lunch.

Моя сестра очень мало ест на обед.

妹はお昼をたくさん食べません。

16. nēmiŋge kuŋ naŋchi gordoŋ ŋguchi ndena.
    许多　　人　日午　　快　　餐　　吃

许多人中午吃快餐。

Many people eat fast food for lunch.

Многие едят фаст‐фуд на обед.

多くの人はお昼にファストフードを食べます。

17. ŋguchi kutuŋ shzhio ndego?
    晚　饭　几　点钟　吃

    晚饭几点钟吃？
    When do you usually have dinner?
    Когда ты ужинаешь?
    何時に夕食を食べますか？

18. ŋguchi naŋchi huine zhirgoŋ shzhio ndene.
    晚　饭　午　后　六　点　吃

    下午六点左右吃晚饭。
    Around six.
    Мы ужинаем около в 6 часов вечера.
    六時頃夕食を食べます。

19. ŋguchi yēme huresaŋ sei oloŋ ndene.
　　晚餐　白米　炒　菜　多　吃

晚餐吃米饭炒菜的时候多。

We usually have rice and some stir-fried dishes for dinner.

Мы часто едим рис и жареное на ужип.

夕食にはご飯と野菜炒めを食べることが多いです。

20. amo ēsgesaŋ sei tēbiē saŋ ndegu.
　　妈妈　做　菜　特别　好　吃

妈妈做菜特别好吃。

My mother is a brilliant cook.

Мама очень вкусно готовит.

母の料理はとてもおいしいです。

21. gage chaŋshite gade ŋguchi ndene.
    哥哥　经常　外面　饭　吃

    哥哥经常在外面吃饭。
    My brother often eats out.
    Брат часто кушает в ресторанах.
    兄はよく外食します。

22. mene adu pizhiu ugu lodabuna.
    我　叔叔　啤酒　喝　喜欢

    我叔叔爱喝啤酒。
    My uncle loves beer.
    Мой дядя любит пить пиво.
    叔父はビールが大好きです。

23. ozhaŋ nege haarzhi reku ugu loda ēle buna.
    他　一　也　酒　喝　不喜欢

    他一点也不喜欢喝酒。
    He doesn't like to dirnk.
    Он вообще не пьёт.
    彼は酒嫌いです。

24. ine taskura zhagaŋ wou?
    这　附近　餐厅　有吗

　　这附近有餐厅？

　　Are there any restaurants near here?

　　Есть ли здесь поблизости ресторан?

　　この近くにレストランはありますか？

25. mor　mēle zhagaŋ wa.
    马路 对面　餐厅　有

　　马路对面就有餐厅。

　　You can find one across the street.

　　На противоположной стороне улицы есть ресторан.

　　道路の向こう側にはレストランがあります。

26. ine mba zhagaŋ.
    这　是　餐厅

　　这里就是餐厅。

　　Right here is a restaurant.

　　Это ресторан.

　　ここがレストランです。

27. mende nege hu cha okechaŋ.
　　我　　一　壶　茶　给

请给我上一壶茶水。
Waiter! A pot of tea, please.
Мне чай, пожалуйста!
お茶を一杯ください。

28. be nege ayige walaŋ mega golery ŋguchi apezhigu.
　　我　一　碗　牛　肉　面　饭　　要

我想点一碗牛肉面。
I'd like a bowl of beef noodles.
Мне лапшу с говядиной.
肉うどんを一つください。

29. ine zhagaŋne ŋguchi sei nertaŋ saŋ ndegu.
　　这　餐厅的　　饭　菜　真　好　吃

这家餐厅的饭菜真好吃。
The food at this restaurant is very good.
Блюда в этом ресторане очень вкусные.
このレストランの料理は大変おいしいです。

(四) **shuēsho**

学　校

School

Школа

学　校

1. ine shuēsho u?
   这　学校　吗

   这里是学校吗?

   This is a school, isn't it?

   Это школа?

   ここは学校ですか?

2. mbi, ine nege chuŋ shuēsho wa.
   是的, 这　一　小　学校　是

   是的，这是一所小学。

   Yes, it's a primary school.

   Да, это начальная школа.

   はい、ここは小学校です。

3. ter nege mohle nerte hzhi shuēsho wa.
   那　一　很　有名的　中　学校　是

   那是一所很有名的中学。
   That's a very famous school.
   Это очень известная средняя школа.
   そこは有名な中学校です。

4. hzhi shuēshone ole shoɡ fɡuo shuēsho wa.
   中　学校的　旁边　大　学　有

   中学的旁边是所大学。
   Next to the middle school is a college (university).
   Рядом со средней школой университет.
   中学校の隣は大学です。

5. ozhaŋ nege tolgu loshi wa.
   他　一　数学　老师　是

   他是一位数学老师。
   He's a math teacher.
   Он учитель математики.
   彼は数学の先生です。

— 34 —

6. ozhaŋne kuocheŋ kalego mohle saŋ.
   他   课   讲   很   好

   他的课讲得很好。

   He gives great lectures.

   Он хорошо преподает.

   彼の講義はとてもいいです。

7. shuēsheŋla ozhaŋne kuocheŋ chaŋle lodabuna.
   学生们   他   课   听   喜欢

   学生们愿意听他讲的课。

   Students enjoy his lectures.

   Ученики очень любят идти на его уроки.

   学生たちは彼の講義を聞きたがります。

8. chine gugu de loshi u?
   你   姑姑 也 老师 吗

   你姑姑也是老师吗？

   Your aunt is also a teacher, isn't she?

   Твоя тётя тоже учительница?

   あなたの叔母様も教師ですか？

— 35 —

9. mbi, ozhaŋ de nege loshi wa.
   是的， 她   也 一   老师   是

   是的，她也是一位老师。
   Yes, she is.
   Да, она тоже учительница.
   はい、彼女は教師です。

10. ozhaŋ ine chuŋ shuēshone loshi u?
    她   这   小   学校   老师 吗

    她是该小学的老师吗？
    Does she teach at/in this school?
    Работает ли она в этой начальной школе?
    彼女はこの小学校の先生ですか？

11. shi,   ozhaŋ hzhi shuēshone loshi wa.
    不是， 她   中   学 校   老师 是

    不是，她是中学老师。
    No, she doesn't. She teaches in a middle school.
    Нет, она работает в средней школе.
    いいえ、彼女は中学校の先生です。

12. ozhaŋ dapumu uder morta kuocheŋ wa.
    她　　几乎　　天　　每　　课　　有

    她几乎每天都有课。

    She has class almost everyday.

    У неё почти каждый день есть уроки.

    彼女はほとんど毎日授業があります。

13. ozhaŋ yaŋ kuocheŋ serge?
    她　　什么　　课　　教

    她教什么课？

    What does she teach?

    Что она преподает?

    彼女はどんな科目を教えていますか？

14. kalaŋ kuocheŋ sergena.
    语言　　课　　教

    教语言课。

    Language.

    Филологию.

    国語を教えています。

15. yaŋ kalaŋ kuocheŋ sergena?
    什么 语言   课   教

> 教什么语言？
>
> Which language?
>
> Какой язык?
>
> どの言語を教えていますか？

16. ozhaŋ zhaneg gachi kuocheŋ sergena.
    她   汉   语   课   教

> 她教的是汉语言课。
>
> Chinese language.
>
> Китайский язык.
>
> 彼女は中国語を教えています。

17. chine gugune hzhi shuēsho hale wu?
    你   姑姑   中   学校   哪   在

> 你姑姑的中学在哪里？
>
> Where is your aunt's school?
>
> Где школа твоей тёти？
>
> あなたの叔母様の中学校はどこにありますか？

18. ine chuŋ shuēshone ole shoɡ wi.
    这　小　　学校　　旁　边　在

　　　就在该小学旁边。

　　　Just next to the primary school.

　　　Рядом с этой начальной школой.

　　　小学校の隣にあります。

19. shuēsho naŋ tushuɡuan wou?
    学校　里　图书馆　有吗

　　　学校里有图书馆吗?

　　　Does the school have library?

　　　Есть ли в школе библиотека?

　　　学校に図書館はありますか?

20. shuēsho naŋ tushuguan wa mochi haarzhi yuelanshi
    学校　　里　图书馆　有　别的　　还　　阅览室
    wa.
    有

　　学校里不仅有图书馆，还有阅览室。
　　Yes. It has a library and reading rooms.
　　В школе есть библиотека и читальный зал.
　　学校には図書館だけでなく、閲覧室もあります。

21. ine shuēshone sarzhaŋ wa.
    这　学校的　运动场　是

　　这里是学校的运动场。
　　Here is the sports field.
　　Это школьный стадион.
　　ここは学校の運動場です。

22. a ya, ine shuēshone sarzhaŋ nertaŋ fguo ya.
    啊呀， 这 学 校 运动场   真   大 呀

   啊呀，学校的运动场可真大呀！
   Wow. It's so big.
   Ах, какой большой стадион.
   ああ、学校の運動場は広いですね。

23. shuēsho hoŋ morta zhirgoŋ sare naŋnaŋde yundoŋhui
    学校   年 每   六   月 这里   运动会
    neena.
    开

   学校每年六月都在这里开运动会。
   The school sports day is usually in June.
   Каждый год в июне в школе проходят спортивные соревнования.
   学校は毎年六月にここで運動会を開きます。

24. shuēsheŋla goozhine kamsuse yaŋwideg tiyu bisēda
    学生们   自己   意愿   各种 体育 比赛
orena.
参加

学生们自愿参加各种体育比赛。

Students voluntarily take part in a variety of games.

Ученики добровольно участвуют в различных спортивных соревнованиях.

学生たちは進んでさまざまな体育競技に参加します。

25. ine shuēsho haarzhi xiandaihua bangoŋlou gizhi
    这　学校　还　　现代化　　办公楼　　和
    jiaoxuelou wa.
    教学楼　　有

　　学校还有现代化的办公楼和教学楼。
　　The school has modern classrooms and office buildings.
　　В этой школе также есть современный административный и учебный корпусы.
　　学校には近代化したオフィスビルと教育棟があります。

26. naŋnaŋne shuēsheŋla hane saŋ serena.
    这里的　　学生们　　都　好　学习

　　这里的学生们都努力学习。
　　Students in this school are dedicated and work hard.
　　Здесь ученики учатся старательно.
　　ここの生徒たちはみんな頑張って勉強しています。

(五) goŋzuo
工　作
Work
Работа
仕　事

1. chi lēgezho u?
   你　工作了　吗

   你工作了吗?
   Do you work?
   Ты работаешь?
   あなたは就職しましたか?

2. be goŋzuo gi, be yanjiusheŋ wa.
   我　工作　没有, 我　研究生　是

   我还没有工作, 我是在读研究生。
   No, I don't. I'm now studying for a master's degree.
   Нет, я ещё не работаю, я учусь в аспирантуре.
   私はまだ就職していません太学院で勉強しています。

3. be ēsaŋ goŋzuo oregi gezhi ndaŋēkene.
   我 明年   工作 参加 助动词   想

   我打算明年参加工作。
   I'm hoping to find a job next year.
   Я собираюсь работать в следующем году.
   私は来年就職するつもりです。

4. chine gage hale lēgezho?
   你   哥哥 哪儿 工作

   你哥哥在哪儿工作？
   Where does your elder brother work?
   Где работает твой старший брат?
   あなたのお兄さんはどこで勤めていますか？

5. zheŋfubumende lēgezho wi.
   政府部门   工作 在

   在政府部门工作。
   He works for the government.
   В правительственном учреждении.
   役所に勤めています。

6. ozhaŋ nege saŋ goŋzuo olesaŋno.
   他   一 好 工作 找到了

   他找到了一份好工作。
   Great. He has got a good job.
   У него хорошая работа.
   彼はいい仕事を見つけましたね。

7. chine deu kechie lēgezho?
   你的 弟弟 何时   工作

   你弟弟是什么时候参加工作的?
   When did your younger brother start working?
   А когда начал работать твой млацший брат?
   あなたの弟はいつから勤めはじめましたか?

8. ozhaŋ ndane hoŋ goŋzuo oresaŋno.
   他   去 年 工作   参加

   他去年参加了工作。
   He got his first job last year.
   В прошлом году.
   彼は去年から勤め始めました。

— 46 —

9. chine gage ēte morta kutuŋ shzhio lēgegala zhizho?
    你的 哥哥 早   每   几   点   工作   去

   你哥哥每天早上几点上班?
   What time does your elder brother go to work everyday?
   Когда начинается рабочий день у твоего брата?
   あなたのお兄さんのは朝何時に仕事に行きますか?

10. ozhaŋ ēte morta nimaŋ shzhio hzhise lēgegala zhizho.
     他   早   每   八   点   半   工作   去

    他每天早上八点半上班。
    At 8:30am.
    В 8:30 утра.
    彼は毎朝8時半から仕事をします。

11. chi uder morta nimaŋ shzhio lēge u?
    你 天 每 八 小时 工作 吗

    你每天都工作八个小时吗？
    You work eight hours a day, don't you?
    У тебя восьмичасовой рабочий день?
    あなたは毎日八時間働いていますか？

12. mba, bede uder morta nimaŋ shzhio lēgene.
    是的 我们 天 每 八 小时 工作

    是的，我们每天工作八个小时。
    Yes, we do.
    Да, у нас восьмичасовой рабочий день.
    はい、我々は毎日8時間働きます。

13. chine guzheu yaŋ ēsge?
    你的 舅舅 什么 做

    你舅舅是做什么的？
    What does your uncle do?
    Кем работает твой дядя?
    あなたの叔父様は何をしている人ですか？

— 48 —

14. ozhaŋ nege chiyezhia.
    他   一   企业家

   他是一位企业家。
   He is an entrepreneur.
   Он предприниматель.
   彼は企業家です。

15. chine aazi manbe u?
    你的 姨 医生 吗

   你姨妈是医生吗？
   Is your aunt a doctor?
   А твоя тётя врач?
   あなたの叔母様は医者ですか？

16. ozhaŋ nege shiŋzheŋ goŋzuo ēsge kuŋ.
    她   一   行政   工作   做   人

   她是一位行政工作人员。
   She is a clerk.
   Нет, она администратор.
   彼女は公務員です。

— 49 —

17. ozhaŋla goŋzuo zhizhode chiche kainu?
    他们　工作　去　车　开　吗

   他们上班开车吗？
   Do they drive to work?
   Они ездят на работу на машине?
   彼らは車で通勤していますか？

18. kere chihaŋ chiche kaine.
    有的　时候　车　开

   有的时候开车。
   Sometimes.
   Да, иногда на машине.
   時々車で通勤します。

19. dansi, goŋzhiaoche gizhi ditie seu oloŋ.
　　但是，　公交车　　和　地铁 乘　多

但是，乘公交车或地铁的时候多一些。
But, they take the bus or subway more often.
Но, чаще на автобусе или метро.
しかし、バス或いは地下鉄に乗ることがやや多いです。

20. tane　lēge chiozhiēn yaŋge?
　　你们 工作　条件　　如何

你们的工作条件如何？
How are the working conditions at your job?
Какие у вас условия для работы?
あなたたちの仕事の環境はどうですか？

21. bedene lēge chiozhiēn mohle saŋ.
    我们　工作　条件　　很　好

　　我们的工作环境很好。
　　Pretty good.
　　У нас хорошие условия для работы.
　　私達の仕事の環境はとてもいいです。

22. chi saŋ lēgene sehte.
    你 好好 工作　希望

　　希望你好好工作。
　　I hope you like what you do and keep working hard.
　　Желаю тебе успехов на работе.
　　お仕事がんばってください。

23. be yinde saŋ liegena.
    我 一定 好　工作

　　我一定会努力工作。
　　Thanks, I will.
　　Я непременно постараюсь работать хорошо.
　　私は頑張って仕事をします。

(六) shzhio、mor
时间、交通
Time and Transportation
Время、Коммуникация
時間、交通

1. ede kutuŋ shzhio yi?
   现在 几   点   了

   现在几点了？
   What time is it now?
   Который час сейчас?
   今は何時ですか？

2. ede uder hzhi mēlteshaŋ yēsoŋ shzhio wa.
   现在 日   中   前   九   点   是

   现在是上午九点。
   It's 9 o'clock.
   Сейчас девять часов утра.
   今は午前9時です。

3. ta uder hzhi huiteshaŋ kutuŋ shzhiose lēge?
   你们 日 中 后 几 点 工作

   你们下午几点上班?
   What time does your afternoon shift start?
   Когда вы начинаете работу после обеда?
   あなたたちの仕事は午後何時からですか?

4. uder hzhi huiteshaŋ guar shzhio hzhise lēge.
   日 中 后 两 点 半 工作

   下午两点半上班。
   At 2:30 pm.
   В половине третьего.
   仕事は午後2時半からです。

5. ŋguchi kutuŋ shzhio yuye?
   晚餐 几 点 预约

   晚餐预约在几点?
   What time is our dinner reservation for?
   На какое время заказан ужин?
   夕食は何時に予約しましたか?

6. shilaŋ zhirgoŋ shzhio yuye.
   晚　　六　　点　　预约

   预约在晚六点。

   For 6:00 pm.

   Около в шести вечера.

   午後の6時に予約しました。

7. ine huochē kutuŋ shzhio kaigo?
   这　火车　几　点　开

   这趟火车几点开？

   What time does the train leave?

   Когда отправляется этот поезд?

   この汽車は何時に発車しますか？

8. uder hzhi mēlteshaŋ harwaŋ shzhio harwaŋ tawoŋ
   日　中　前　　　十　点　十　五
   pen kaigo.
   分　开

   上午十点一刻开。
   At 10:15 am.
   В 10.15 утра.
   午前十時十五分に発車します。

9. ine kutuŋ shzhione zhēnyiŋpiao ya?
   这　几　点的　　电影票　　呀

   这是几点的电影票呀?
   Which show is this movie ticket for?
   На какое время этот билет?
   これは何時の映画チケットですか？

10. shinchineuder uder hzhi huiteshaŋ goraŋ shzhio
    星期天　　　日　中　后　　三　　点
    horoŋ tawoŋ penne zhēnyiŋpiao .
    二十　　五　分的　电影　票

    星期天下午三点二十五分的电影票。
    It's for 3:25 Sunday afternoon.
    Это билет на 15.25 в воскресенье.
    日曜日の午後三時二十五分の映画チケットです。

11. chi shuēshosa gar kurtala yaŋteg shzhio zhare?
    你　学校　从家　到　多长　时间　需要

    你从学校到家需要多长时间？
    How long does it take to go home from your school?
    Сколько времени требуется, чтобы добраться из твоей школы до дома?
    あなたは学校から家までどのぐらいかかりますか?

12. temermoregala horoŋ pen yamenge zharena.
    自行车 用 二十 分钟 左右 需要

    骑自行车需要二十分钟左右。
    It's about a 20 – minute bicycle ride.
    На велосипеде около двадцати минут.
    自転車で20分ぐらいかかります。

13. naŋnaŋ chuzuche wou?
    这里 出租车 有吗

    这里有出租车吗？
    Where can I get a taxi around here?
    Есть ли здесь такси?
    ここにタクシーはありますか？

14. menda huochēzhanda kurke.
    我 火车站 送

    请把我送到火车站。
    Take me to the railway station, please.
    Пожалуйста, отвезите меня на вокзал!
    駅までお願いします。

— 58 —

15. ine goŋzhiaoche zhizhiēnda zhizhona u?
    这　公交车　　机场　　去　吗

该公交车到机场吗？

Does the bus go to the airport?

Можно ли доехать до аэропорта на этом автобусе?

このバスで、空港まで行けますか？

16. zhizhiēnda zhizho zhizhiēndabada seugo.
    机场　　去　　机场大巴　　乘坐

去机场请你乘坐机场大巴。

You can take a shuttle to the airport.

Чтобы добраться до аэропорта, воспользуйтесь шаттлом.

空港まではエアポートバスを利用してください。

— 59 —

（七）teŋgereg
天 气
Weather
Погода
天 気

1. nude teŋgereg yaŋge?
   今天　天气　　怎样

   今天天气怎样？
   What's the weather like today?
   Какая сегодня погода?
   今日のお天気はどうですか？

2. nude gisaŋ uder wa.
   今天　晴　天　是

   今天是晴天。
   It's a fine day.
   Сегодня солнечная погода.
   今日は晴れです。

3. asman diegoŋ ulaŋ wa, mahshie dapumu ulaŋ uder
   天　　上　云　有,　明天　　可能　　云　天
   nabtezhim.
   成

   天上有云了,明天可能是阴天。
   It's cloudy and may be overcast tomorrow.
   На небе облака, завтра возможно будет пасмурная погода.
   空には雲がかかっています、明日は曇りかもしれません。

4. ɡade ki oszho, dapumu chasoŋ buɡo.
   外面　风　起,　　可能　　雪　　下

   外面在刮风,可能要下雪。
   The wind is now blowing and it looks like it may snow.
   На улице ветрено, наверно, будет снег.
   外は風です、雪が降るかもしれません。

5. naŋnaŋ nzhuder nege fguo gora busaŋno.
   这里　前天　一　大　雨　下了

   这里前天下了一场大雨。
   It rained heavily here the day before yesterday.
   Позавчера здесь был сильный дождь.
   ここは、おととい大雨でした。

6. uder udersa uder kitaŋ nabtezhim.
   天　天比　天　冷　　变了

   天一天比一天变冷了。
   It's getting colder every day.
   С каждым днем становится всё холоднее.
   日増しに寒くなってきました。

7. huine ŋguŋ mohle kitaŋ.
   北方　冬天　很　冷

   北方的冬天很冷。
   It's pretty cold in the north in the winter.
   Зимой на севере очень холодно.
   北方の冬はとても寒いです。

8. mielteshaŋ shoɢ ɢier mohle holoŋ.
   南　　　方　夏天　很　　热

南方的夏天很热。
It's so hot in the south in the summer.
Летом на юге очень жарко.
南方の夏は大変熱いです。

9. naŋnaŋ shitɢe mohle holoŋ.
   这里　春天　很　温暖

这里的春天很温暖。
It's warm here in the spring.
Весной здесь очень тепло.
ここの春は暖かいです。

10. doŋke beizhiŋne fulaŋ labchoŋ mohle siehaŋ.
    秋天　北京的　　红　　叶　　很　　漂亮

秋天北京的红叶很漂亮。

Beijing is quite lovely in the autumn when the leaves turn red.

Осенью в Пекине очень красивые красные листья.

北京の秋の紅葉はとてもきれいです。

(八) dienhua ape
打电话
Phone Call
Позвонить
電話をかける

1. ee, saŋ u? ×× narene kuŋ wou?
   喂！好　吗！×× 名字的　人　在吗

   喂！你好！请问××先生在吗？
   Hello. Can I speak to Mr. ...
   Алло！Здравствуйте！Можно ли поговорить с господином ××.
   もしもし、こんにちは。××さんいらっしゃいますか？

2. chi × × narene kuŋ u?
   你 × × 名字的 人 吗

   你是××女士吗？

   Is this Ms. . . .

   А Вы госпожа × ×?

   ××さんでいらっしゃいますか？

3. × × narene kuŋ olezhinoŋ oke.
   × × 名字的 人 找 给

   请给找一下××小姐。

   I'd like to speak to Miss . . .

   Можно ли попросить к телефону мисс × ×.

   ××さんをお願いします。

4. chi chuŋshzhio sagezho.
   你 一会儿 等

   请你等一会儿。

   Just a moment (Hold on), please.

   Минуточку！

   少々お待ちください。

5. ozhaŋ ese, ɢade haresaŋno.
　　她　　不在，外　　出去了

她不在，出门了。

Sorry, she's not in right now.

Ей сейчас нет, она вышла.

彼はおりません。外出いたしております。

6. chi ɢachi hdziortsh u?
　　您　话　　留下　吗

您要留言吗?

Would you like to leave a message?

Нужно ли ему что‐то передать?

ご用件を伝えましょうか?

7. be ozhaŋda chinda dienhua ape gezhi kalezhi okeye.
   我   她   您   电话 打 助动词 说   给

   我转告她给您回电话。
   Ok. I'll have her call you back.
   Я передам ей, чтобы она Вам перезвонила.
   折り返し電話するように伝えておきます。

8. be × × wa, chi ka?
   我 × × 是，您 谁

   我是××，您是哪位？
   This is ... Who's speaking?
   Говорит × × , а с кем я говорю?
   私は××です。どちらさまでしょうか？

9. be chine toŋshie × × wa.
   我 你的 同学 × × 是

   我是你的同学××。
   This is your classmate ...
   Говорит твой одноклассник × ×.
   私はあなたの同級生の××です。

10. be mahshē haarzhi ozhaŋda apego.
　　我　明天　　再　　他　给　打

我明天再给他打。

All right. I'll call him again tomorrow.

Завтра я ему перезвоню.

明日もう一度おかけします。

（九） lo
兴趣
Hobbies
Вкус
趣 味

1. chi yundoŋ ēsge deraŋrezho u?
   你 运动 做 喜欢 吗

   你喜欢运动吗？
   Do you like sports?
   Ты любишь заниматься спортом?
   あなたは運動が好きですか？

2. be hole mohle deraŋrezho.
   我 跑步 很 喜欢

   我很喜欢跑步。
   I like jogging.
   Я люблю заниматься бегом.
   私はジョギングが大好きです。

3. ozhaŋ uder morta lanchiu naatena.
   他　天　每　篮球　玩

   他每天都打篮球。

   He plays basketball every day.

   Он каждый день играет в баскетбол.

   私は毎日バスケットボールをやっています。

4. be doŋ chaŋle deraŋrezho.
   我　音乐　听　喜欢

   我爱听音乐。

   I'm into music.

   Я люблю слушать музыку.

   私は音楽鑑賞が好きです。

5. chi zhēnyiŋ nzhie deraŋrezho u?
   你　电影　看　喜欢　吗

   你爱看电影吗？

   Do you like movies?

   Ты любишь кино?

   あなたは映画みるのが好きですか？

6. amo doloŋ ŋgame morta shi nzhiena.
   妈妈 周   末   每   剧 看

   妈妈每周末都去看剧。
   My mother goes to the theatre every weekend.
   По выходным мама ходит на спектакли.
   母は毎週末、舞台を見に行きます。

7. abo tu huage deraŋrezho.
   爸爸 画 画   喜欢

   爸爸很喜欢画画。
   My father is keen on painting.
   Папа любит рисовать.
   父は絵を描くのが大好きです。

8. iegchidu nie doŋ dole deraŋrezho.
   妹妹   流行 歌曲 唱   喜欢

   妹妹爱唱流行歌曲。
   My younger sister enjoys singing pop songs.
   Сестра любит поп - музыку.
   妹はポップスを歌うのが好きです。

9. mene dēde uder morta halgolezhi.
　　我　爷爷　天　每　　散步

我爷爷每天都散步。

My grandfather takes a walk every day.

Мой дедушка каждый день гуляет.

祖父は毎日散歩をします。

10. nēne garda mateg tare deraŋrezho.
　　奶奶　家　花　种　　喜欢

奶奶喜欢在家种花。

My grandmother likes gardening.

Моя бабушка любит выращивать цветы в доме.

祖母は家でガーデニングをするのが好きです。

11. ozhaŋne aazi ŋguchi iesge mohle zamogezhi.
　　她　　姨妈　饭　　做　　很　　感兴趣

　　她姨妈对做饭很有兴趣。
　　My aunt is interested in cooking.
　　Её тётя любит готовить.
　　彼女の叔母は料理作りが好きです。

12. dansi, mene guzheu chiche kaiyi tēbiē deraŋrezho.
　　可是，我　舅舅　　车　开　特别　　喜欢

　　可是，我舅舅特别爱开车。
　　But my uncle loves driving.
　　Но мой дядя любит водить машину.
　　しかし、叔父は車を運転することが大好きです。

（十）zazheɡ、keteɡukuŋ
婚姻、 家庭
Marriage & Family
Брак и Семья
結婚、家庭

1. chi zazheɡsaŋ u?
   你 结婚　了 吗

   你结婚了吗？
   Are you married?
   Ты женат?
   ご結婚されましたか？

2. be ese zazheɡwa.
   我 没　 结婚

   我还没有结婚。
   Not yet.
   Нет, я не женат.
   私はまだ結婚していません。

3. chi kalesaŋ u?
   你 谈恋爱 吗

   你谈恋爱了吗？

   Are you seeing someone now?

   У тебя есть девушка?

   恋愛していますか？

4. be yizhiŋ agē wi.
   我 已经 女友 有

   我已经有女朋友了。

   I'm going out with a girl.

   Да, у меня есть подруга.

   私にはもう彼女がいます。

5. ozhaŋ ērekuŋ awē wou?
   她   男   朋友 有吗

   她有男朋友了吗？

   Does she have a boyfriend?

   У неё есть парень?

   彼女には彼氏がいますか？

6. ozhaŋ dawu ese kalezhigu.
   她　　还　没　谈恋爱

   她还没谈恋爱呢。
   No. She isn't dating.
   Нет, у неё нет.
   彼女はまだ恋をしたことがありません。

7. be hezhahaŋ hogoŋ wa.
   我　独　　身　是

   我是独身。
   I am single.
   Я одинока.
   私は独身です。

8. be yizhiŋ zazhegwa.
   我　已经　结婚了

   我已经结婚了。
   I'm married.
   Я уже замужем.
   私は結婚しています。

9. ta　　gar　wou?
你们 房子 有吗

你们有房子吗?

Are you a homeowner?

У вас есть квартира?

あなたたちは家を持っていますか?

10. bede goozhine gar giwe.
我们 自己的 房子 没有

我们没有自己的房子。

Not at the moment.

Нет, у нас нет квартиры.

我々は家を持っていません。

11. ta　　hale seuzhigu?
你们 哪里　 住

你们住哪里?

Where do you live?

Где вы живёте?

あなたたちはどこに住んでいますか?

12. bede abo amo hamde seuzhigu.
    我们 父 母 一起 住

    我们和父母一起住。

    We live with our parents.

    Мы живём вместе с родителями.

    私たちは親と同居しています。

13. ozhaŋla shine gar absaŋ.
    他们 新 房子 买了

    他们买了新房子。

    They just bought a new apartment.

    Они купили новую квартиру.

    彼らは新しい家を購入しました。

14. ta luuzi seuzhigu u?
    你们 楼 住 吗

    你们是住楼房吗？

    Do you live in an apartment building?

    А вы живёте в многоэтажном доме?

    あなたたちはアパートに住んでいますか？

15. chowa, bede ndēmo gar seuzhigu.
   不是，我们　平　房　住

   不是，我们住平房。
   No. We live in a bungalow.
   Нет, мы живём в одноэтажном доме.
   いいえ、私たちは1戸建てに住んでいます。

16. ta　shazhi wou?
   你们　孩子　有吗

   你们有孩子吗?
   Do you have kids?
   У вас есть дети?
   あなたたちには子供がいますか?

17. bede shazhi giwe.
   我们　孩子　没有

   我们还没有孩子。
   Not yet.
   Нет, пока ещё нет.
   私たちにはまだ子供がいません。

— 80 —

18. ozhaŋla ēsaŋ shazhi apegu　 gegu　 ndaŋēkene.
    他们　明年　孩子　要　（助动词）　想

    他们打算明年要孩子。
    We are planning to start a family next year.
    У них Будет свой ребёнок в следующем году.
    彼らは来年こども作るつもりです。

19. mene wēre hoŋderesaŋ yizhiŋ goraŋ sare
    我　妻子　怀孕　已经　三　月
    nabtezhimsaŋ.
    成了

    我爱人怀孕已三个月了。
    My wife is three months pregnant.
    Моя жена на 3 месяце беременности.
    家内はすでに妊娠3か月です。

20. mene azhi nege kuŋ olesaŋ.
    我　姐姐　一　男孩　生了

   我姐姐生了一个男孩。

   My sister just had a baby boy.

   Моя сестра родила мальчика.

   姉のところに男の子が生まれました。

21. bede guar shazhi wi.
    我们　两个　孩子　有

   我们有两个孩子。

   We have two kids.

   У нас двое детей.

   私たちには二人の子供がいます。

22. be nege ragote agu wi.
    我　一　　女孩　　有

   我有一个女孩。

   I have a daughter.

   У меня девочка.

   私には女の子が一人います。

— 82 —

23. gage nege kuŋ gizhi nege raɢote aɢu wi.
    哥哥　一　男孩　和　一　　女　孩　有

   哥哥有一个男孩和一个女孩。
   My elder brother has a son and a daughter.
   У моего брата мальчик и девочка.
   兄には男の子が一人と女の子が一人います。

24. ozhaŋla ɢuar shuaŋbaotai shazhi wa.
    他们　　两个　　双胞胎　　孩子　是

   他们两个是双胞胎。
   They are twins.
   Они близнецы.
   あの二人は双子です。

25. chine wēre ɢar wa u?
    你　妻子　家　在　吗

   你妻子在家吗?
   Is your wife in?
   Твоя жена дома?
   奥さんは家にいますか?

— 83 —

26. ozhaŋ shazhi kurkegala zhizhosaŋ.
　　她　　孩子　　　送　　　　去了

　　她送孩子去了。
　　No. She isn't home.
　　Она ушла проводить ребёнка.
　　家内は子供を送りに行きました。

27. ozhaŋ shazhine zhigaŋ yaazhine rada kurkezho.
　　她　　孩子　　幼小的　儿童　　园　　送到了

　　她把孩子送到了幼儿园。
　　She took our kid to the kindergarten.
　　Она отвела ребёнка в детский сад.
　　彼女は子供を幼稚園まで送って行きました。

28. tane garda loleŋ kuŋ wou?
　　你们　家　　老　　人　有吗

　　你们家有老人吗？
　　Do you live with your grandparents?
　　В вашей семье есть старые?
　　お宅にはお年寄りがいますか？

— 84 —

29. ɡar naŋ dēde ɡizhi nēne wi.
 　　家　里　爷爷　和　奶奶　有

 家里还有爷爷和奶奶。
 My grandparents live with us.
 В нашей семье есть дедушка и бабушка.
 家には祖父と祖母がいます。

30. bede neɡe hzhipo keteɡukuŋ wa.
 　　我们　一　幸福的　家庭　是

 我们是一个幸福的家庭。
 We are a happy family.
 У нас счастливая семья.
 私たちは幸せな家族です。

（十一） yiyuēn
医　院
Hospital
Больница
病　院

1. ine taskura yiyuēn wou?
   这　附近　医院　有吗

   这一带有医院吗？
   (Excuse me.) Are there any hospitals around here?
   Есть ли здесь больница?
   この近くに病院はありますか？

2. mēlteshaŋ ter chihaŋ luuzi yiyuēn wa.
   前面　　那　白　楼　医院　是

   前面那栋白楼就是医院。
   The white building ahead is a hospital.
   Белое здание впереди больница.
   前方の白い建物が病院です。

3. yiyuēn zhizhoda yaŋge yuɡu?
   医院　　去　　怎么　走

   到医院怎么走？

   Excuse me. How can I get to the hospital?

   Как добраться до больницы?

   病院までどのように行けばいいですか？

4. ine fɡuo mor deɡazhinoŋ dandanzhi yuɡu.
   这　大　道　顺着　　一直　走

   顺着这条大道一直走。

   Walk along this street.

   Прямо по этой улице.

   この大通りに沿って真直ぐ行って下さい。

5. teresachoda, aŋ - guraŋne fulaŋ zhila kursa zhaŋlag
   然后，　　　　第三　　红　灯　到　右
   haaregu.
   拐

   然后，遇到第三个红绿灯右拐。
   Turn right at the third traffic light.
   Потом сверните направо у третьего светофора.
   そして、三番目の信号を右に曲がってください。

6. teŋge, zhaŋlag haaresa kurtena u?
   那么，　右　　拐　　到了　吗

   那么，右拐就会到了吗？
   Then will I am there?
   Таким образом, свернув направо, я смогу дойти?
   そしたら、右に曲がったら着くんですか？

7. zhaŋlag haaresaŋne huine dore haarzhi deraŋ zhoŋ
   右   拐   后 往里 还   四   百
   mi yuna.
   米 走

   右拐后，还要往里走四百米。
   No. You will have to walk another 400 meters.
   Направо и дальше прямо пройти четыреста метров.
   右に曲がってから、さらに400メートル進んで下さい。

8. naŋnaŋ yiyuēn u?
   这里   医院 吗

   这里是医院吗？
   Excuse me. This is hospital, isn't it?
   Это больница？
   ここは病院ですか？

9. mba, ine yiyuēn wa.
   是的，这 医院 是

   是的，这里是医院。
   Yes, it is.
   Да, это больница.
   はい、ここは病院です。

10. ētgu nzhēgagu gachir hale wu?
    病   看   处所 哪里 在

    门诊部在哪里？
    Where is the outpatient department?
    Где амбулатория?
    外来はどこですか？

11. ētgu nzhēgagu gachir yiyuēn fguo taŋne
    病　　看　　　处所　医院　大　堂
    naraŋharguneshog nake wa.
    左　　　　　　　　侧　在

    门诊部在医院大堂左侧。
    To the left of the lobby.
    Амбулатория с левого торца здания.
    外来は病院のフロントの左側です。

12. be nege ange apeya.
    我　一　号　要

    我想挂个号。
    Hello. I'd like to register.
    Я хотел бы записаться к врачу.
    わたしは診察券をもらいたいです。

13. chi yaŋ ange ape?
    你 什么 号 要

    你挂什么号？
    Hello. Which department?
    К какому врачу?
    あなたは、なに科にかかりたいのですか？

14. be naŋŋde ētgu nzhie ange apeya.
    我 内 病 看 号 要

    我想挂内科号。
    I'd like to register for internal medicine.
    К терапевту.
    私は内科にかかりたい。

15. be zhuanzhia ange apeya.
    我 专家 号 要

    我想挂专家号。
    I'd like to see a specialist.
    К специалисту.
    私は専門医師の診察を受けたいです。

16. chi aŋgene naŋnaŋda wisi.
    你   号   这里   放

   请你把挂的号放在这里。
   Please put your registration card here and wait for your turn.
   Оставьте ваш талон здесь.
   診察券をここに置いてください。

17. ētgu kuŋ aŋgegala sharshargege ētgu nzhiezho.
    病   人   号   排队   病   看

   患者都按号排队看病。
   Look, everyone is waiting in line for their turn.
   Пациенты должны обращаться к врачу по очереди.
   患者さんは診察番号の順番で医者に診てもらいます。

18. chi hale dazhi ese wu.
    你 哪 舒服 不 在

   你怎么不舒服？
   Why are you here today?
   На что вы жалуетесь?
   どこが悪いですか？

19. be hanezhi teroŋ ētezho.
    我 感冒   头   痛

   我感冒头痛。
   I've got a headache. I think I'm coming down with a cold.
   У меня болит голова от простуды.
   私は風邪をひいて、頭が痛いです。

20. chi hogoŋne holoŋ nzhie bio sohoda wisizhigu.
    你   体   温   看 表   腋   放

   请你把体温表放在腋下。
   Please put this thermometer under your armpit.
   Возьмите термометр под мышку.
   体温計を脇の下に挟んでください。

21. chi nertaŋ lange saahar.
    你 确实   一点儿 发烧

   你确实有点发烧。
   You've got a temperature.
   У тебя действительно температура.
   あなたは確かに熱があります。

22. chi hanezhinoŋ yaŋteg uder nabtezhimsaŋ?
    你   感冒   几   天   成了

   你感冒几天了?
   How long have you had it?
   Когда ты простудился?
   風邪をひいてから何日経っていますか?

— 95 —

23. guar uder nabtezhimsaŋ.
 　　两　　天　　　成了

 　　有两天了。
 　　Two days.
 　　Уже два дня.
 　　二日経っています。

24. yaŋ　man ndesaŋ u?
 　　什么　药　吃过　吗

 　　吃过什么药吗?
 　　Are you taking anything for it?
 　　Какие лекарства ты принимал?
 　　何か薬を飲みましたか?

25. be　yaŋ　man　ese　ndesaŋ.
 　　我　什么　药　没有　吃过

 　　我没吃任何药。
 　　I haven't taken any medication for it.
 　　Никаких.
 　　私は何の薬も飲んでいません。

26. teŋge, chinda lange hanezhinoŋ man okeya.
    那么， 你   一点儿 感冒   药 给

那么，给你开点退烧药吧。

So I'm going to give you a prescription for your fever.

Тогда, я пропишу лекарства от простуды.

では、風邪薬を処方します。

27. shigu, harzhinoŋ lohshigesaŋ se uu saŋ hamera.
    另外， 回去   开   水 喝 好好 休息

另外，回去多喝些白开水，好好休息。

You should drink plenty of water and take good rest.

Кроме того, пейте побольше воды и хорошо отдыхайте.

また、お湯をたくさん飲んで、よく休んでください。

28. naŋnaŋ man ape gachir wa.
    这里　药　取　处所　是

   这里是取药口。

   You can get your medicine at this window.

   Это окно для выдачи лекарств.

   ここは薬を受け取る窓口です。

29. ine godge saa man.
    这　烧　压　药

   这是退烧药。

   Here is your antipyretic.

   Это жаропонижающее средство.

   これは熱を下げる薬です。

30. hanezhinoŋ man nege uderda goraŋ yaŋ uu, nege
    感冒   药   一天   三   次 喝，一
    yaŋ guar uu.
    次 两   喝

    退烧药一天吃三次，每次吃两片。
    Take two tablets at a time, three times a day.
    Принимайте лекарство от простуды три раза в день, каждый раз по две таблетки.
    風邪薬は一日三回、毎回二錠を飲んでください。

31. man saŋ ape, haarzhi zholgeya.
    药 好   拿   再   见

    请你把药拿好，再见！
    Take care and goodbye!
    Возьмите лекарства. До свидания！
    薬をお忘れないように。お大事に。

(十二) wozhian ab
购　物
Shopping
Покупка
買い物

1. be nege haregu.
   我　一　出去

   我要出去一趟。
   I have to go out for something.
   Мне нужно выйти.
   私は出かけてきます。

2. hale zhizhogu?
   哪里　去

   要去哪里?
   Where are you going?
   Куда ты идёшь?
   どこに行きますか?

3. puzida zhizhogu.
   商场　　去

   去商场。

   To the store.

   В универмаг.

   デパートに行きます。

4. chi　ane　puzi　zhizhogu?
   你　哪个　商场　　去

   你去哪个商场？

   Which one?

   В какой универмаг?

   あなたはどのデパートに行きますか?

5. baihuo　puzi　zhizhogu.
   百货　　商场　　去

   去百货商场。

   The department store.

   В ГУМ.

   百貨店に行きます。

6. chi yaŋ abgu?
   你 什么 买

   你要买什么?
   What are you going to buy?
   Что вы хотите купить?
   あなたは何を買いますか?

7. be ndene duŋshi abgu.
   我 吃的 东西 买

   我要买吃的东西。
   Some food.
   Мне нужно купить продукты.
   私は食品売り場へ行きたい。

8. ozhaŋ haarzhi ndene duŋshi abgu u?
   她 也 吃的 东西 买 吗

   她也要买吃的东西吗?
   Does she also want to buy some food?
   Ей тоже нужны продукты?
   彼女も食品売り場へ行きますか?

9. chowa, mene iegchidu gērne mesgu abgu.
   不是， 我 妹妹 夏天的 衣服 买

   不是，我妹妹要买夏天穿的衣服。
   No, my younger sister only wants to buy some summer clothes.
   Нет, моя сестра хочет купить летнюю одежду.
   いいえ、妹は夏の洋服を買うつもりです。

10. baihuo puzi yaŋ hane wa.
    百货 商场 什么 都 有

    百货商场里什么都有。
    You can find anything in the department store.
    Чего только нет в универмаге.
    百貨店には何でもあります。

11. chi saŋ! wozhian dande kuŋ (yama daldachaŋ).
    你 好 货   售 员

    售货员你好！
    Hello.
    Здравствуйте!
    こんにちは。

12. chi yaŋ abgu?
    你 什么 买

    你要买什么吗？
    Can I help you?
    Что вы ищете?
    何をお探しですか？

13. chi menda tere nege mesgu apezhino oke.
    你 我 那 一 衣服 拿 给

    请你给我拿那件衣服。
    Can I see that dress?
    Покажите мне эту одежду.
    あの洋服を見せてください。

14. ine nege dēgoŋ mesgu yaŋteg sēr?
　　这　一　　上　　衣　　多少　钱

这件上衣多少钱?

How much is this top?

Сколько стоит эта одежда?

このシャツはいくらですか?

15. ine mesgu nēm nabtezhim.
　　这　衣服　价格　　可以

这件衣服的价格还算合理。

The price is reasonable.

Это приемлемая цена.

この洋服の値段は普通です。

16. ine tozi dore mesgu sēhaŋ u?
　　这　套　内　衣　　好看　吗

这套内衣好看吗?

This undergarment looks good, doesn't it?

Красиво ли это бельё?

この下着のセットはきれいですか?

— 105 —

17. be mohle sēhaŋ gezhi ndaŋyihzhii.
    我 很 好看（助动词） 觉得

   我觉得很好看。
   Well, I think it does.
   Мне кажется, что красиво.
   私はきれいだと思います。

18. be ine mesgu mesesa todege u?
    我 这 衣服 穿 合身 吗

   我穿这衣服合身吗？
   Dose it fit me?
   Идет ли мне эта одежда?
   私にはこの服が合っていますか？

19. chi mesesa ese mēde todege.
    你 穿 不 太 合身

   你穿不太合身。
   I'm afraid it doesn't fit you.
   Не очень.
   あなたにはちょっと合わないです。

20. ine medoŋ oleshaŋne yēnshē wou?
    这 裤子   其 他   颜色 有吗

这条裤子还有其他颜色的吗？
Do you have these trousers in other colors?
Есть ли такие брюки другого цвета?
このズボンには別の色がありますか？

21. ese,   hezhahaŋ hera yēnshē wa.
    没有，   只   黑   色   有

没有，只有黑颜色。
Sorry, we only have black ones for this style.
Нет, только тёмного цвета.
いいえ、黒しかないです。

22. be nege bolsaŋgomte hai abya   gezhi   ndaŋēkene.
    我 一   皮   鞋 买（助动词） 想

我想买一双皮鞋。
I'm looking for a pair of leather shoes.
Я хотел бы купить пару ботинок.
私は皮靴を一足買いたいです。

23. wozhian abda zharegu chuŋ tolge chēzi hale yi?
    物　　購　　用的　　小　推　　車　哪里　有

　　哪里有购物用的小推车?
　　Where can I find a shopping cart?
　　Где можно взять тележку?
　　買い物カートはどこですか?

24. puzine oregu ndaŋ wa.
    商场的　入　口　有

　　就在商场的入口处。
　　You can get one at the entrance.
　　У входа в универмаг.
　　デパートの入り口のところにあります。

25. amo unaŋniezi gizhi ndegi absaŋ.
    妈妈　牛　奶　　和　鸡蛋　买了

　　妈妈买了牛奶和鸡蛋。
　　My mother bought some milk and eggs.
　　Мама купила молоко и яйца.
　　母は牛乳と卵を買いました。

26. abo yaŋ hane ese absaŋ.
    爸爸 什么 都 没 买

爸爸什么都没买。

My father did not buy anything.

Папа ничего не купил.

父は何も買いませんでした。

27. yama daldachaŋ, sēr okeɡu ɡachir hale yi?
    售货员,   款 给 处所 哪里 在

售货员，付款台在哪里？

Excuse me. Where is the cashier?

Подскажите, где касса?

お会計はどこですか？

28. ine wozhian yaŋteɡ sēr?
    这 货物   多少 钱

这些货物多少钱？

How much are these?

Сколько всего за эти товары?

これ、全部でおいくらですか？

29. yigua × × sēr．
    全部　× ×　钱

　　全部是××元。
　　They are... yuan all together.
　　Всего × × юаней.
　　合計××円です。

30. ine wozhian nege chohla okesa.
    这　货物　一　包装　给　请

　　请你给我打包这些货物。
　　Please wrap them up for me.
　　Заверните, пожалуйста, эти покупки.
　　包装をしてください。

31. chi haarzhi regu.
    您　再　来

　　欢迎您再来。
　　Come back and see us again.
　　Добро пожаловать еще раз.
　　また、いらしてください。

(十三) zhi zhiēn

机 场

At the Airport

Аэропорт

空 港

1. naŋnaŋ beizhiŋ zhizhiēn wa.
   这里　北京　机场　是

   这里是北京首都国际机场。
   Here is the Beijing International Airport.
   Это аэропорт Пекина.
   ここは北京空港です。

2. zhizhiēn naŋ kuŋ mohle oloŋ wa.
   机　场　里　人　很　多　有

   机场里人很多。
   Oh, it's packed here.
   В аэропорту много людей.
   空港は人でいっぱいです。

— 111 —

3. zhizhiēnne   dondog asge gachir hale wa u?
   机　　场　的　事　问询　处　哪里　在　吗

   机场问询处在哪里？

   Excuse me. Where is the information desk?

   Где в аэропорту справочное бюро?

   空港のインフォメーションはどこですか？

4. zhizhiēn fguo taŋ oregu ndaŋ nake wa.
   机　场　大　堂　入　口　边　在

   在机场大堂入口处。

   At the entrance to the main lobby.

   У входа в аэропорт.

   空港の入り口のところにあります。

5. naŋnaŋ dondog asge gachir u?
   这里　　事　问讯　处　吗

   这里是问询处吧？

   So this is the information desk, isn't it?

   Это справочное бюро?

   ここはインフォメーションですか？

6. mbi, naŋnaŋ dondoɡ asɡe ɡachir.
   是的， 这里　　事　问询　处

   是的，这里就是问询处。
   Yes, it is.
   Да, здесь справочное бюро.
   はい、ここはインフォーメーションです。

7. chi yaŋ dondoɡ?
   你 什么　事

   你有什么事吗？
   Can I help you, Sir (Madam or Miss)?
   Что вы хотите?
   なにか御用ですか？

8. be zhipiao abya.
   我 机　票 买

   我想买机票。
   I'd like a ticket.
   Я хочу купить авиабилет.
   航空券を買いたいのですが。

— 113 —

9. chi hale zhizhogu?
   你 哪里 去

   你要去哪里？
   Where to?
   Куда Вы летите?
   どちらに行きますか？

10. be shaŋhai zhizhogu.
    我 上海 去

    我去上海。
    To Shanghai.
    В Шанхай.
    私は上海に行きます。

11. shaŋhai zhizhogu zhipiao C gachir zhizhozhi ab.
    上海 去的 机票 C 处所 去 买

    去上海的机票要到C口去买。
    Please move to window C for tickets to Shanghai.
    Купите билет в Шанхай в кассе С.
    上海行きの航空券はCカウンターで買えます。

12. C gachir hale yi?
    C 处所 哪里 在

    C 口在哪里？
    Where is it?
    Где касса C?
    Cカウンターはどこですか？

13. D gachir zhaŋlag nake wa.
    D 处所   右   侧 在

    在 D 口右侧。
    To the right of window D.
    Направо от кассы D.
    Dカウンターの右側です。

14. chi zhipiao abnu?
    你 机票 买吗

    你要买机票吗？
    Can I help you, Sir (Madam or Miss)?
    Вам нужен авиабилет?
    あなたは航空券を買いますか？

15. mbi, be nege shaŋhai zhizho zhipiao abya
    是的，我　一　　上海　　去的　　机票　　买
    gezhi　　　ndaŋēkene.
    (助动词)　　　想

    是的，我要想买一张去上海的机票。
    Yes. I need a ticket to Shanghai.
    Да, мне нужен билет в Шанхай.
    はい、私は上海行きの航空券を一枚買いたいです。

16. teŋge, chi naŋnaŋ shar sharge ba.
    那么，你　这里　　排　　队　　吧

    那么，你就在这里排队吧。
    Please line up here.
    Пожалуйста, встаньте в очередь.
    では、ここに並んでください。

— 116 —

17. chi hoɡoŋne zhiba menda oke.
    你　身份　证件　我　给

    请你将身份证给我。

    ID card, please.

    Паспорт, пожалуйста.

    身分証明書を見せてください。

18. ine chine zhipiao wa.
    这　你的　机　票　是

    这是你的机票。

    Here is your ticket.

    Это ваш билет.

    これがあなたの航空券です。

19. samberne chaɡe ɡachir hale wa?
    安　　　检　　处　哪里　在

    安检口在哪里？

    Excuse me. Where is the security check?

    Где контроль безопасности?

    安全検査はどこですか？

20. samberne chage gachir dore guar zhoŋ mi yuna,
    安　　检　　处　往里　二　百　米　走,
    hargune haaresa kurtena.
    然后　　左拐　　到

    去安检口要往里走两百米，然后左拐就到了。
    Walk 200 meters then turn left. You can't miss it.
    Двести метров прямо и потом налево.
    安全検査の場所は、この奥へ200メートル進み、左に曲がったらすぐです。

21. chi bohu saŋ ape.
    你　行李　好　拿

    请你把行李拿好。
    Please hold on to your luggage.
    Возьмите багаж.
    手荷物を忘れないように。

22. shaŋhai zhizhogu feizhida haregu gachir hale wau?
    上海　　去的　　飞机　　登　处所　哪里　在

   去上海的登机口在哪里？
   Where is the boarding gate for the flight to Shanghai?
   Где регистрация на рейс в Шанхай?
   上海行きの搭乗口はどこですか？

23. A gachirsa feizhida harena.
    A　处所　　飞机　　登

   请从 A 口登机。
   Please proceed to Gate A.
   У стойки A.
   搭乗口 A です。

24. kechi feizhi haregu?
    何时　飞机　登

   什么时候登机？
   What time does boarding start?
   Когда начнётся посадка?
   何時に搭乗できますか？

25. hzhise shzhio huine feizhida harena.
    半个　小时　后　飞机　登

半个小时以后登机。

In 30 minutes.

Через полчаса.

三十分後に搭乗します。

26. feizhi hareguda nege chuŋ bohu abzhi nabtezhimna.
    飞机　登时　一　小　提包　带　　可以

登机时只能带一件小提包。

You are allowed only a small piece of carry – on luggage.

При посадке у каждого пассажира может быть только одно багажное место.

機内に手荷物は一つしか持ち込めません。

27. tuoyun bohu kunte horoŋ goŋzhin shiludezhi ele
 托运 行李 重量 二十 公斤 超过 不
 nabtezhim.
 能

 托运行李重量不能超过二十公斤。
 Airline policy only allows checked luggage weighing less than twenty kilograms.
 Вес багажа не должен превышать двадцать килограммов.
 預けらる荷物の重量は二十キロまでです。

28. chiṇe seugu oroŋ 18 mor A oroŋ wa.
 你的 座 位 18 排 A 座 是

 你的座位是18排A座。
 Your seat is Row 18 Seat A.
 Ваше место 18 ряд A.
 あなたの席は18列のA席です。

29. chi goozhine seugu oroŋda saŋ seu.
    你 自己的 座 位 好 坐

   请你在自己的座位上坐好。
   Please take your seat!
   Займите своё место.
   自分の席に座ってください。

30. chi samberne zē saŋ sēle.
    你 安全 带 好 系

   请你系好安全带。
   Please fasten your safety belt.
   Пожалуйста, пристегните ремень безопасности.
   シートベルトをしっかり締めてください。

31. feizhi mesesaŋ, beizhiŋ haarzhi zholgeya!
    飞机 起飞了, 北京 再 见

   飞机起飞了，北京，再见！
   The plane is taking off. Goodbye, Beijing.
   Самолёт взлетает. До свидания, Пекин!
   飛行機が離陸しました。さようなら、北京！

(十四) zhiēn
宾 馆
Hotel
Гостиница
ホテル

1. naŋnaŋ zhiēn u?
   这里 宾馆 吗

   这是宾馆吗?
   This is a hotel, isn't it?
   Это гостиница?
   ここはホテルですか?

2. mba, chi zhiēnda seuna u?
   对, 你 宾馆 住 吗

   对,你要住宾馆吗?
   Yes, it is. Do you need a room?
   Да, Вам нужно снять номер?
   はい。お泊りですか?

3. mba, be nege hezhahaŋ kuŋne gar apeya.
   是的，我 一　　单　　人的 房间　要

   是的，我要一个单人间。
   Yes. I'd like a single room.
   Да, мне нужен одноместный номер.
   はい、シングルルームお願いします。

4. be hogoŋ guagu garne zhochoŋne gar apena.
   我　身子　洗　间的　客人的　房　要

   我要带洗澡间的客房。
   I want one with a bathroom.
   Мне нужен номер с ванной.
   シャワー付きの部屋をお願いします。

5. zhiēnda seusa nege uder yaŋteg sēr?
   宾馆　　住　一　天　多少　钱

   住宿一天多少钱？
   How much is it per night?
   Сколько за сутки?
   一泊いくらですか?

6. chi kutoŋ uder seune?
　你　几　天　住

你要住几天？

How long will you be staying?

На сколько дней вы остановитесь?

何泊泊まりますか？

7. nege doloŋ udershilaŋ seuna.
　一　星期　一昼夜　住

住一个星期。

For a week.

На неделю.

一週間泊まります。

8. chi harwaŋ ceŋde seuzhi nabtezhim u?
　你　十　层　住　可以　吗？

你住十层可以吗？

How about a room on 10th floor?

На десятом этаже вас устроит？

十階の部屋でよろしいですか？

9. be tawoŋ ceŋsa dogoŋ gar seuya gezhi
   我　五　　层　　以下　客房　住　（助动词）
   ndaŋiekene.
   想

   我想住五层以下的客房。

   Sorry, but I'd like a room on a floor below the 5th.

   Мне бы хотелось номер не выше пятого этажа.

   五階以下の部屋に泊まりたいです。

10. deŋzhige gedege chiēnzhi pechi.
    登记　　纸　　　填　　写

    请填写登记卡。

    Please fill in this registration form.

    Заполните анкету.

    宿泊カードに記入してください。

11. ine chine ndaŋ ka wa.
    这 你的 门 卡 是

    这是你的房卡。

    Here is your room key.

    Вот ваша карточка.

    これがお部屋のカードキーです。

12. zhiēn ŋguchi ndegu gachir kutoŋ ceŋde wa?
    旅馆 餐 吃 处 几 层 在

    旅馆用餐处在几层？

    Does the hotel have a restaurant?

    На каком этаже ресторан?

    ホテルの食堂は何階にありますか？

13. nege ceŋ gizhi guar ceŋ wa.
    一　 层　 和　 二　 层　 有

　　一层和二层都有餐厅。
　　Yes. You can find restaurants on the first and second floors.
　　На первом и втором этаже.
　　一階と二階、両方に食堂があります。

14. bohu nekorgezhi apezhi okegu kuŋ wou?
    行李　 帮助　　 拿　 给　 人　 有吗

　　有人帮助拿行李吗?
　　Can someone help me with my luggage?
　　Кто - нибудь поможет мне отнести вещи?
　　荷物運びを手伝ってくれる人はいますか?

15. fuwuyuan bohu apezhi okena.
　　服务员　行李　拿　　给

　　服务员帮你拿行李。

　　Don't worry. A porter will take your luggage to your room.

　　Портье поможет отнести вещи.

　　スタッフが手伝います。

16. chi ine bohu mene seugu garda kurke.
　　你 这 行李 我的　住　房　送到

　　请你把我的行李拿到房间。

　　Please take the luggage up to my room.

　　Пожалуйста, поднимите мой багаж в номер.

　　私の荷物を部屋に運んでください。

17. gar naŋ holoŋ se wou?
　　房　里　热　水 有吗

　　房间里有热水吗?
　　Is hot water available in my room?
　　В номере есть горячая вода?
　　部屋にお湯はありますか?

18. gar naŋ 24 shzhio holoŋ se tegēgena.
　　房　里　24 小时　热　水　供应

　　房间里 24 小时供应热水。
　　Yes, Sir (Madam or Miss). Hot water is available in all rooms 24 hours a day.
　　В номере круглосуточно есть горячая вода.
　　部屋には24時間お湯があります。

19. shigu, haarzhi dienshizhi、dienbiŋshaŋ wa.
　　另外，　还　电视机、　电冰箱　有

另外，还有电视机、电冰箱。

Plus, you can find a TV and fridge in your room.

Кроме того, ещё телевизор и холодильник.

このほか、テレビ、冷蔵庫もあります。

20. mesgu gua okena u?
　　衣　洗　给　吗

有洗衣服务吗?

Do you have laundry service?

Есть ли прачечная?

クリーニングサービスはありますか?

21. wa, bede naŋnaŋ mesgu gua nēm mohle nabtezhim.
    有，我们 这里 　衣　洗 价格 很　　可以

有，我们这里洗衣价格很合理。

Yes, we offer a reasonably priced laundry service.

Да, есть и цена приемлемая.

あります。クリーニング代は高くありません。

22. ine kutoŋ deŋzhi zhiēn?
    这　几　星级　宾馆

这是几星级宾馆？

What is the star rating for this hotel?

Какого уровня это гостиница?

ことらのホテルは星幾つですか？

23. tawoŋ deŋzhi zhiēn wa.
    五　　星级　宾馆　是

　　是五星级宾馆。

　　This is a five star hotel.

　　Это пятизвёздная гостиница.

　　五つ星ホテルです。

24. chaŋtu dienhua ēkezhi nabtezhim u?
    长　途　电话　　打　　可以　　吗

　　可以打长途电话吗?

　　Can I make long – distance calls from my room?

　　Можно ли делать междугородние звонки?

　　長距離電話をかけられますか?

25. nege ceŋ zholgegu gachir sier zhogesaŋne huine
    一   层   接待   处   钱   交   后
    chaŋtu ekezhi nabtezhim.
    长途   打   可以

到一楼接待处交完押金才可以打长途。
Yes, Sir. But a deposit is required you can pay it at the reception.
Оставьте деньги на первом этаже у стойки администратора и можете звонить.
一階の応接カウンターから、代金前払いで長距離電話が掛けられます。

26. chi mahshie ēte zhirgoŋ shzhio menda urezhi sēregu.
    你   明   早   六   点   我   叫   醒

请你明早六点叫醒我。
Please wake me up at 6:00 tomorrow morning.
Разбудите меня в шесть часов утра.
明日朝六時に起こしてください。

27. banchaŋ dawu anzhizhinoŋ oke.
    床   布   换   给

请换床单。

Please change the sheets.

Замените, пожалуйста, простыню.

シーツを変えてください。

28. ɡarne neɡe aruŋzhi oke.
    房间   一   打扫   给

请打扫一下房间。

Please clean my room.

Уберите, пожалуйста, номер.

部屋を掃除してください。

29. mohle shilaŋ kutoŋ shzhio tuifaŋzhi nabtezhim?
    最   晚   几   点   退房   可以

最晚几点退房？

What's the latest I can check out?

Когда нужно освободить номер?

一番遅くて、何時にチェックアウトできますか？

30. be garne tuina, yaŋteg sēr?
    我　房　退，　多少　钱

   我要退房，多少钱？
   I'd like to check out.
   Я сдаю номер, сколько с меня?
   チェックアウトしたいです、いくらですか？

31. chi nege choyig oke.
    你　一　收据　给

   请你给开个收据。
   I need a receipt.
   Чек, пожалуйста.
   領収書をください。

32. ine zhiēnne fuwu nertaŋ saŋ.
    这 宾馆的 服务　真　好

   这宾馆的服务真好。
   This hotel has very good service.
   В этой гостинице хорошее обслуживание.
   このホテルのサービスは結構いいです。

（十五）golodetoregu
旅　游
Travel
Туризм
旅　行

1. chi golodetoregu lodabuna u?
   你　旅　游　　喜欢　吗

   你喜欢旅游吗？
   Do you like travelling?
   Ты любишь путешествовать?
   あなたは旅行が好きですか？

2. be golodetoregu mohle lodabuna.
   我　旅　游　　很　　喜欢

   我很喜欢旅游。
   Yes, indeed.
   Да, люблю.
   私は旅行が大好きです。

3. bede gar naŋ kuŋ hane golodetoregu lodabuna.
   我们 家 里 人 都　　旅 游　　喜欢

   我们家里人都喜欢旅游。
   My family likes travelling.
   Вся моя семья любит путешествовать.
   私の家族はみんな旅行が好きです。

4. be chuŋnasoŋsa hama hamde golodetoregu.
   我　小　从　母父　一起　旅 游

   我从小就和父母一起旅游。
   I travelled a lot with my parents when I was a kid.
   Я с детства путешествовал с родителями.
   私は小さい時からよく両親と一緒に旅行をしました。

5. bede mohle oloŋ sēhaŋne gachir nzhēsaŋ.
　　我们　很　多　美丽的　处所　　看过

　　我们去看过很多名胜古迹。
　　We have been to many great sites.
　　Мы видели много достопримечательностей.
　　私たちは多くの名所を見たことがあります。

6. kuŋla golodetoregusa mohle oloŋ madezhigu olezhi
　　人们　　旅游　　　　很　多　知识　　得到
　　serena.
　　学

　　人们通过旅游学到很多知识。
　　Travelling teaches you a lot.
　　Путешествия дают человеку много знаний.
　　人々は旅行を通じて多くの知識を学びます。

7. chi chaŋcheŋda zhizhosaŋ u?
   你　长城　　去　吗

   你去过长城吗？
   Have you been to the Great Wall?
   Ты был на Великой стене?
   あなたは万里の長城に行ったことがありますか？

8. guar yaŋ zhizhosaŋ.
   两　次　　去过

   去过两次。
   Yes. I've been there twice.
   Я был там два раза.
   二回行ったことがあります。

9. ta　mochi haarzhi hale zhizhosaŋ?
   你们　别　　还　哪里　去过

   你们还去过哪里？
   Any other great places?
   Куда еще вы ездили?
   あなたたちは、ほかにどこへ行ったことがありますか？

10. mochi haarzhi hainanda zhizhosaŋ.
　　别的　　还　　海南　　去过

还去过海南。

I've been to Hainan Island.

Мы ещё были на острове Хайнань

海南島にも行ったことがあります。

11. ozhaŋla huinene taŋda zhizhosaŋ.
　　他们　　北方的　草原　　去过

他们去过北方的草原。

They've been to the prairie in the North.

Они ездили на север в степь.

彼らは北方の草原に行ったことがあります。

12. hzhisoŋ guozha golodetoregu oroŋ mohle oloŋ wa.
　　中　　国　　旅　游　　地方　　很　　多　有

在中国旅游的地方有很多。

There are lots of great tourism sites in China.

В Китае много мест, которые стоит посетить.

中国には、観光地がとても多いです。

13. chi golodetoregugala rezhi u?
    你　　旅　游　　　来　吗

   你是来旅游的吗？
   You are a tourist, are you?
   Вы турист?
   旅行でこちらへみえたのですか？

14. mbi, be nege golodetoregu lodabuna kuŋ wa.
    是的，我 一　　旅　游　　喜欢　　人　是

   是的，我是一名旅游爱好者。
   Yes, I am.
   Да, я любитель туризма.
   はい、私は旅行好きです。

15. golodetoregu ndaŋpiao absa yaŋteg sier?
    旅　游　　　门　票　买　多　少　钱

   旅游门票多少钱？
   How much is admission to the park?
   Сколько стоит входной билет?
   入場券はいくらですか？

— 142 —

16. kuŋ morta harwaŋ nimaŋ sier.
    人   每   十   八   钱

   每人十八元钱。

   18 yuan per person.

   Восемнадцать юаней.

   一人十八元です。

17. naŋ golodetoregu bashi wou?
    里面   旅   游   巴士 有吗

   里面有旅游巴士吗?

   Is a shuttle bus available?

   Там есть туристический автобус?

   そこには観光バスがありますか?

18. golodetoregu chihaŋ hane golodetoregu bashi seuna.
    旅游　　　时　都　旅　游　巴士　乘坐

旅游时都要乘坐旅游巴士。

Yes, we provide it to the tourists.

Во время путешествия надо ехать на туристическом автобусе.

観光のときはみんな観光バスに乗ります。

19. ta mordurchoŋkuŋ kereg u?
    你们　导游　　　需要　吗

你们需要导游吗？

Do you need a guide?

Вам нужен экскурсовод?

あなたたちはガイドが要りますか？

20. nege mordurchoŋkuŋ keregna.
    一   导游   需要

需要一名导游。

Yes, we do.

Да, нужен экскурсовод.

はい。一人必要です。

21. mordurchoŋkuŋ yiŋyu kalezhi madena u?
    导游   英语 说   会 吗

导游会说英语吗？

Does the guide speak English?

Говорит ли экскурсовод по－английски？

ガイドさんは英語が話せますか？

22. ozhaŋne yiŋyu mohle saŋ.
    她的   英语   很   好

她的英语很好。

Yes, she speaks English very well.

Она хорошо говорит по－английски．

彼女の英語は大変上手です。

— 145 —

23. chi zhisaŋda naŋnaŋ resaŋ u?
    你　过去　这里　来过　吗

你过去来过这里吗？

Have you been here before?

Раньше Вы были здесь?

あなたは以前、ここに来たことがありますか？

24. ese,　nege yaŋ de ese resaŋ.
    没有，一　次　也　没有　来过

没有，一次都没有来过。

No, I haven't.

Нет, ни разу.

いいえ、一度もありません。

25. be aŋ - negene yaŋ naŋnaŋ rezhii.
    我　　第一　　次　这里　来

我第一次来这里。

This is my first visit.

Я здесь первый раз.

私は初めてここに来ています。

— 146 —

26. naŋnaŋne ule se nertaŋ sēhaŋ.
 这里的　山水　真　美

这里的山水真美。

It's a fantastic place.

Здесь очень красиво.

ここの風景は本当に美しいですね。

27. deu　naŋnaŋ mohle oloŋ sēhaŋne dobchanne hua
 弟弟　这里　很　多　美　风景　照
abba.
拍了

弟弟在这里拍了许多风景照。

My elder brother has taken lots of photos.

Брат сделал здесь много фотографий.

弟はここで、写真をたくさん撮りました。

28. be nertaŋ enteg sēhaŋne ule se ese zholgesaŋ.
    我 真的 这么 美丽的 山 水 没有 见过

    我真没有见过如此美丽的山水。
    I have never seen anything more beautiful.
    Я никогда не видел такой красоты.
    私はこんな美しい景色を見たことがないです。

29. be sone nakeda zhizho lodabuna, haarzhi taŋ nzhē
    我 海 边 去 喜欢， 也 草原 看
    lodabuna.
    喜欢

    我喜欢海边，也喜欢草原。
    I love the beach and also the grasslands.
    Я люблю море и степь тоже.
    私は海が好き、草原も好きです。

保安语基础词汇 300 例

序号	汉语	保安语	英语	俄语	日语
1	天	asman	sky	небо	天
2	地	ɡachir	land	земля	大地
3	云	ulaŋ	cloud	облоко	雲
4	风	ki	wind	ветер	風
5	雨	ɡora	rain	дождь	雨
6	雪	chasoŋ	snow	снег	雪
7	雷	hayim	thunder	гром	雷
8	彩虹	ɡaŋ	rainbow	радуга	虹
9	太阳	naraŋ	sun	солнце	太陽
10	月亮	sare	moon	луна	月
11	星星	hotoŋ	star	звезда	星

续表

序号	汉语	保安语	英语	俄语	日语
12	山	ule	mountain	гора	山
13	岩石	paloŋ	rock	пород	岩石
14	石头	tashi	stone	камень	石
15	土	shiru	earth	почва	土
16	沙子	shashi	sand	песок	砂
17	水	se	water	вода	水
18	江	moroŋ	long river	река	川
19	河	moroŋ	river	река	河
20	湖	doŋchi	lake	озеро	湖
21	海	so	sea	море	海
22	泉	balag	spring	источник	泉
23	火	hal	fire	огонь	火
24	树、木	shiu/ mortoŋ	tree/wood	дерево	木
25	树枝	shurage	branch	ветка	枝
26	树叶	labchoŋ	leaf	лист	葉
27	树根	'zape	root	корень дерева	根

续表

序号	汉语	保安语	英语	俄语	日语
28	花	mateg	flower	цветы	花
29	草	wēsoŋ	grass	трава	草
30	年	hoŋ	year	год	年
31	今年	ne/hoŋ	this year	этот год	今年
32	明年	ēsaŋ	next year	следуюший год	来年
33	去年	ndane hoŋ	last year	прошлый год	去年
34	春	shitge	spring	весна	春
35	夏	gēr	summer	лето	夏
36	秋	doŋke	autumn	осень	秋
37	冬	ŋguŋ	winter	зима	冬
38	月份	sare	month	месяц	月
39	星期、周	doloŋ	week	неделя	曜日
40	日、天	uder	day	день	日
41	今天	nude	today	сегодня	今日
42	明天	mahshie	tomorrow	завтра	明日
43	昨天	gude	yesterday	вчера	昨日

续表

序号	汉语	保安语	英语	俄语	日语
44	早晨	ēte	morning	утро	朝
45	晚上	shilaŋ	evening	вечер	晚
46	动物	asoŋ	animal	животный	動物
47	虎	bas	tiger	тигр	虎
48	狮子	sēŋge	lion	лев	ライオン
49	熊	dērmoŋ	bear	медведь	熊
50	狼	china	wolf	волк	おおがみ
51	狐狸	ga	fox	лисица	狐
52	鹿	sha	deer	олень	鹿
53	大象	gelaŋchi	elephant	слон	象
54	野猪	reŋo（野生的） gai（猪）	wild boar	кабан	イノシシ
55	猴子	bēchaŋ	monkey	обезьяна	サル
56	兔子	toli	rabbit	заяц	兎
57	老鼠	chichihaŋ	mouse	мышь	鼠
58	蛇	moŋui	snake	змей	蛇
59	龙	nzheg	dragon	дрокон	竜

续表

序号	汉语	保安语	英语	俄语	日语
60	鸟	shayi	bird	птица	鳥
61	燕子	kalayi	swallow	ласточка	燕
62	大雁	no/tehraŋ	wild goose	дикий гусь	ヒシグイ
63	喜鹊	sazhigi	magpie	сорока	カササギ
64	乌鸦	lowa	crow	ворона	鴉
65	老鹰	hēloŋ	eagle	коршун	トビ
66	天鹅	yēno	swan	лебедь	白鳥
67	布谷鸟	saŋ gugu	cuckoo	кукушка	カッコウ
68	啄木鸟	chaŋ shdagmo	woodpecker	дятел	キツツキ
69	鱼	zhilgasoŋ	fish	рыба	魚
70	乌龟	wugui	turtle	черепаха	亀
71	青蛙	lamdegi	frog	лягушка	蛙
72	虾	shia	shrimp	рак	海老
73	虫子	gorgi	insect	насекомые	虫
74	蜜蜂	banzaŋ	bee	пчёлы	ミツバチ
75	蝴蝶	shameieshgi	butterfly	бабочка	蝶々

续表

序号	汉语	保安语	英语	俄语	日语
76	蜻蜓	ayaŋzheg	dragonfly	стрекоза	とんぼ
77	苍蝇	lendegagu	fly	муха	蠅
78	蚊子	wenzi	mosquito	комар	蚊
79	蜘蛛	domeraku	spider	паук	蜘蛛
80	蚂蚱	zhagzhag	locust	саранча	イナゴ
81	蚂蚁	pambezeg	ant	муравей	蟻
82	蟑螂	zhaŋlaŋ	cockroach	таракан	ナンキンムシ
83	蚯蚓	sambeg	earthworm	дождевой червь	蚯蚓
84	牛	walaŋ	cow/ox	бык	牛
85	马	more	horse	лошадь	馬
86	羊	gone	sheep/goat	баран	羊
87	驴	nzhige	donkey	осел	ロバ
88	骆驼	ŋamoŋ	camel	верблюд	駱駝
89	猪	gai	pig	свинья	豚
90	鸡	teha	chicken	кульца	鶏
91	鸭子	iazi	duck	утка	鴨

续表

序号	汉语	保安语	英语	俄语	日语
92	鸽子	boge	pigeon	голубь	ハト
93	猫	mao	cat	кошка	猫
94	狗	noɡui	dog	сопака	犬
95	毛	nogsoŋ/suŋ	fur	меха	毛
96	翅膀	shahe	wing	крылья	翼
97	皮子	bolsaŋ gomte	skin/leather	кожа	皮
98	尾巴	shanchiɡ	tail	хвост	尻尾
99	角	wĕr	horn	рог	角
100	骨头	yasoŋ	bone	кость	骨
101	人	kuŋ	person	человек	人
102	身体	hogoŋ	body	тело	身体
103	头	teroŋ	head	голова	頭
104	头发	suŋ	hair	волосы	髪の毛
105	额头	galpe	forehead	лоб	おでこ
106	脸	nor/nur	face	лицо	顔
107	眉毛	hanseɡ	brow	бровь	眉毛

续表

序号	汉语	保安语	英语	俄语	日语
108	眼睛	nedoŋ	eye	глаз	目
109	鼻子	hor	nose	нос	鼻
110	嘴	amaŋ	mouth	рот	口
111	牙	shdoŋ	tooth	зубы	歯
112	耳朵	chihaŋ	ear	ухо	耳
113	脖子	gena sho（脖颈子）	neck	шея	首
114	肩膀	daali	shoulder	плечо	肩
115	腰	gabe/ŋgaŋgaŋ	waist	талия	腰
116	手	har	hand	рука	手
117	指头	gor	finger	палец	指
118	肚子	kēle/gazhisoŋ	stomach	живот	お腹
119	脚	kuol	foot	ноги	足
120	心脏	zhirge	heart	сердце	心臓
121	肝脏	hēlge	liver	печение	肝臓
122	肾脏	bore	kidney	почка	腎臓

续表

序号	汉语	保安语	英语	俄语	日语
123	肺	oshgi	lung	легкое	肺
124	胆	sēlsoŋ	gall	жёлчь	胆
125	肠	kiele/gazhisoŋ	intestines	кишка	腸
126	胃	zhope	stomach	желудок	胃
127	血	chisoŋ	blood	кровь	血
128	肉	mega	flesh	мясо	肉
129	汗	kolsoŋ	sweat	пот	汗
130	泪	namsoŋ	tear	слёзы	涙
131	爷爷	dēde	grandpa	дедушка	お爺さん
132	奶奶	nēne	grandma	бабушка	お婆さん
133	爸爸	abo	father	папа	お父さん
134	妈妈	amo	mother	мама	お母さん
135	丈夫	kurgaŋ	husband	муж	旦那
136	妻子	wēre	wife	жена	妻
137	哥哥	gage	brother	старший брат	お兄さん

续表

序号	汉语	保安语	英语	俄语	日语
138	姐姐	azhi	sister	старшая сестра	お姉さん
139	弟弟	deu	brother	младший брат	弟
140	妹妹	iegchi du	sister	младшая сестра	妹
141	儿子	kuŋ	son	сын	息子
142	女儿	ragote agu	daughter	дочь	娘
143	孙子	senzi	grandson	внук	孫
144	姑姑	gugu	aunt	тетя	叔母
145	叔叔	adu	uncle	дядя	叔父
146	姨姨	aazi	aunt	тетя	叔母
147	舅舅	guzheu	uncle	дядя	叔父
148	朋友	awē	friend	друг	友達
149	官	gombo	official	чиновник	官吏
150	医生	manbe	doctor	доктор	医者
151	教师	loshi	teacher	учитель	教師
152	职工	gzowa	clerk	персонал	職員

续表

序号	汉语	保安语	英语	俄语	日语
153	农民	shaŋwa	farmer	крестьян	農民
154	学生	shuēsheŋ	student	студент	学生
155	学校	shuēsho	school	школа	学校
156	食堂	zhagaŋ	dinning hall	столовая	食堂
157	商场	puzi	department store	магазин	デパート
158	医院	yiyuēn	hospital	больница	病院
159	房子	qar	house	дом	家
160	宾馆	zhiēn	hotel	отель	ホテル
161	门	ndaŋ	door	дверь	ドア
162	窗户	zhama	window	окно	窓
163	桌子	shilē	table/desk	стол	テーブル
164	椅子	idzi	chair	стул	椅子
165	碗	ayige	bowl	чаша	碗
166	盘子	hamse	plate	тарелка	お皿
167	筷子	kuēzi	chopsticks	палочки	お箸
168	勺子	nage/tēshu	spoon	ложка	スプン

续表

序号	汉语	保安语	英语	俄语	日语
169	羹匙	kaga	spoon	ложка	レンゲ
170	饭	ŋguchi	rice	рис	ご飯
171	菜	sei	dish	овощи	野菜
172	面包	kuko wēsoŋ/hansi	bread	хлеб	パン
173	牛奶	unaŋ niezi	milk	молоко	牛乳
174	咖啡	kafei	coffee	кофе	コーヒー
175	茶	cha	tea	чай	お茶
176	酒	reku	alcohol	вино	お酒
177	油	tosoŋ	oil	масло	油
178	鸡蛋	ndegi	egg	яйцо	卵
179	米饭	yēme	rice	рис	ご飯
180	汽车	chiche	car	машина	車
181	火车	huochē	train	поезд	汽車
182	飞机	feizhi	plane	самолёт	飛行機
183	公交车	goŋzhiaoche	bus	автобус	バス
184	电话	dienhua	telephone	телефон	電話

— 160 —

续表

序号	汉语	保安语	英语	俄语	日语
185	道路	mor	road	дорога	道路
186	衣服	mesɢu	clothes	одежда	洋服
187	鞋子	hai	shoe	туфли	靴
188	帽子	sieme	hat/cap	шляпа	帽子
189	上衣	mesɢu	coat	пальто	上着
190	裤子	medoŋ	pants/trousers	брюки	ズボン
191	裙子	hormi	dress	платье	スカート
192	价格	nēm	price	цена	値段
193	钱	sier	money	деньги	お金
194	我	be	I	я	私
195	你	chi	you	ты	あなた
196	她/他	ozhaŋ	she/he	он, она	彼女＊彼
197	我们	bede	we	мы	私たち
198	你们	ta	you	вы	あなたたち
199	他们	ozhaŋla	they	они	彼ら
200	这	ine	this	это	これ

续表

序号	汉语	保安语	英语	俄语	日语
201	那	ter	that	то	それ，あれ
202	哪	hale	which	где	どれ
203	谁	kaŋ	who	кто	だれ
204	什么	yaŋ	what	что	なに
205	多少	yaŋteg	how many/much	сколько	いくら
206	几个	kutuŋ	how many	несколько	いくつ
207	上	dēgoŋ	up	наверху	上
208	下	dogoŋ	down	внизу	下
209	前	mēlte shaŋ	front	перед	前
210	后	bēbange/huite shaŋ	back	зади	後
211	中	hzhi	middle	середина	中
212	里	naŋ	inside	внутри	中
213	外	gade	outside	вне	外
214	好	saŋ	good	хорошо	よい
215	坏	moŋ	bad	плохо	悪い

续表

序号	汉语	保安语	英语	俄语	日语
216	快	gordoŋ	quick/fast	быстро	速い
217	慢	damo	slow	медленно	遅い
218	大	fguo	big/large	большой	大きい
219	小	chuŋ	small	маленький	小さい
220	高	under	tall/high	высокий	高い
221	低	soŋgenaŋ/ bogloŋ	low	низкий	低い
222	宽	uu/kuan	wide	широкий	広い
223	窄	itaŋ	narrow	узкий	狭い
224	厚	zhizhaŋ	thick	толстый	厚い
225	薄	niŋgaŋ	thin	тонкий	薄い
226	长	fte	long	долкий	長い
227	短	bogloŋ	short	короткий	短い
228	冷	kitaŋ	cold	холодный	冷たい
229	暖	holoŋ	warm	тёплый	暖かい
230	热	holoŋ	hot	горячий	熱い
231	新	shine	new	новый	新しい

续表

序号	汉语	保安语	英语	俄语	日语
232	旧	huichoŋ	old	старый	古い
233	直	dabshoŋ	straight	прямой	まっすぐ
234	红	fulaŋ	red	красный	赤
235	黄	shira	yellow	жёлтый	黄色
236	黑	hera	black	чёрный	黒
237	白	chihaŋ	white	белый	白
238	绿	nogoŋ	green	зелёный	緑
239	蓝	kugo	blue	синий	青
240	说	kale	say	говорить	話す
241	叫	ure	call	позвать	呼ぶ
242	喊	hile	shout	кричать	叫ぶ
243	吃	nde	eat	есть	食べる
244	喝	u	drink	пить	飲む
245	看	nzhē/gali	look/see	смотреть	見る
246	听	chaŋle	listen/hear	слушать	聞く
247	闻(用鼻子)	wen	smell	нюхать	嗅ぐ

续表

序号	汉语	保安语	英语	俄语	日语
248	做	ēsge	do	делать	やる
249	教	serge	teach	научить	教える
250	学	sere	learn	учить	学ぶ
251	想	segte/ ndaŋēke	think	думать	思う
252	抓	ware	grasp	поймать	つかむ
253	拿、要	ape	take	взять	取る、いる
254	拉	chirge/de	drag	тянуть	引っ張る
255	推	tolge	pull	толкать	押す
256	抱	soho	hug	обниматься	抱く
257	打	ēke	hit	бить	打つ
258	坐	seu-	sit	сидеть	座る
259	站	bi-	stand	стоять	立つ
260	踩	kishge	step on	топтать	踏む
261	走	yu	walk	итди	歩く
262	跑	hole	run	бегать	走る
263	抬	zhyge（举起）	lift	поднимать	上げる

续表

序号	汉语	保安语	英语	俄语	日语
264	进	ore	enter	водить	入る
265	出	hare	exit	выйти	出る
266	放	andege	put	положить	置く
267	洗	gua	wash	стирать	洗う
268	擦	sage/alge	wipe	тереть	拭く
269	挂	guake/duzhalge	hang	висеть	掛ける
270	生气	shguara	angry	сердиться	怒る
271	生	ole-	birth	родиться	生む
272	死	fgu-	die	умирать	死ぬ
273	怕	ai	afraid	бояться	怖がる
274	忘	marte	forget	забыть	忘れる
275	知道	mage	know	знать	知る
276	休息	hamer	rest	отдыхать	休む
277	睡	tera	sleep	спать	寝る
278	醒	mader sēre	wake	просыпаться	覚める
279	一	nege	one	один	一

续表

序号	汉语	保安语	英语	俄语	日语
280	二	guar	two	два	二
281	三	goraŋ	three	три	三
282	四	deraŋ	four	четыре	四
283	五	tawoŋ	five	пять	五
284	六	zhirgoŋ	six	шесть	六
285	七	doloŋ	seven	семь	七
286	八	nimaŋ	eight	восемь	八
287	九	yiesoŋ	nine	девять	九
288	十	harwaŋ	ten	десять	十
289	二十	horoŋ	twenty	двадцать	二十
290	五十	tawaraŋ	fifity	пятьдесят	五十
291	百	zhoŋ	hundred	сто	百
292	千	doŋso	thousand	тысяча	千
293	万	chiso	ten thousand	десять тысяч	万
294	亿	yi	hundred million	сто милиион	億
295	都	hane	all	совсем	すべて

续表

序号	汉语	保安语	英语	俄语	日语
296	很	mohle	very	очень	とても
297	非常	mohle/chomboɢ	extremely	чрезвычайно	非常に
298	已经	yizhiŋ	already	уже	すでに
299	马上	mashaŋ	at once	сразу	すぐに
300	然后	teresachoda	then	потом	それで

保安族节日

节日名称	节日主要内容
圣纪节	圣纪节，亦称圣忌节，冒路德节、为伊斯兰教的三大节日之一。相传穆罕默德（约570～632年）诞辰和逝世都在伊斯兰教历的二月十二日，穆斯林为了纪念伊斯兰教圣人（创始人）穆罕默德创建的伊斯兰教，在他诞辰和逝世的这天举行集会。以后，逐渐演变为伊斯兰教的节日。节日期间，保安族人都要宰牛、宰羊，各清真寺装饰一新，人们一大早就去清真寺听阿訇诵读《古兰经》、赞颂穆罕默德，讲述穆罕默德的生平事迹
浪山节	保安族人民特别喜欢浪山，一般在每年的5月下旬到6月初，人们都要带上面、油、肉、锅、帐篷等，到河边、山坡上或草坡上去郊游，过一天痛痛快快的野外生活。保安人称之为"浪山节"

续表

节日名称	节日主要内容
哈其麦节	甘肃临夏等地保安族传统纪庆节日,每年伊斯兰教教历的九月选一吉日举行。相传伊斯兰教创始人穆罕默德的女儿哈其麦与阿里结婚时,阿里非常贫穷,哈其麦伤心地哭着向父亲诉说,而穆罕默德则耐心地开导女儿说:"人生在世,要知足,有这点家当,就应该感谢真主"。哈其麦听后,转忧为喜,高高兴兴地与阿里结了婚。保安族的哈其麦节是为了纪念她的高尚品德,节日期间,家家户户都要宰杀牛羊,准备鸡和油香到寺院舍散,穆斯林还要去寺院念经。这天的一切纪念活动都由妇女们主持
大尔德节	"尔德"是阿拉伯语的译音,是"回归及欢乐节日"的意思,又叫"开斋节""肉孜节",是伊斯兰教的宗教节日。按照伊斯兰教的规定,每年伊斯兰教历九月,教徒要封斋30天,即1个月。在斋月里,教徒每天黎明之前吃早饭,然后整日不进食,连水都不能喝,只有等太阳落山,教拜之后才能吃晚饭。也就是说在斋月里教徒每天只在日出前和日落后吃两顿饭。斋戒是教徒必行的"天命"功课,象征内心负疚的穆斯林向安拉忏悔和赎罪,以此来培养教徒成为能够忍受饥饿、克己禁欲、畏主守法的人。开斋后过尔德节,

续表

节日名称	节日主要内容
大尔德节	节日清晨保安族的男人们沐浴之后，到清真寺集体做礼拜。节日期间，保安族男女老少都要穿上新衣服，互相拜节。节前家家户户还要炸油香、馓子、粿果等节日食品
小尔德节	又叫"古尔邦节""宰牲节"，是伊斯兰教传入保安族之后逐步形成的，是按照伊斯兰教历法进行的节日，它在肉孜节之后70天，称为回历的新年，也叫大节，比肉孜节隆重。在伊斯兰教义中相传先知伊卜拉欣梦见安拉，安拉命他宰杀自己的儿子，以考验他对安拉的忠诚，他唯命是从。正当伊卜拉欣准备执行时，安拉深为感动，特派人送来一只黑绵羊代替。伊斯兰教根据这个传说，规定每年伊斯兰教历十二月十日宰杀牲畜，祭祀安拉。节前，家家户户都要打扫卫生，每个家庭都要准备油炸果子、油饼和各种点心，富有的人家宰羊、宰牛或宰骆驼，待客或馈赠。节日清晨，男性穆斯林要沐浴更衣，到清真寺做礼拜，听阿訇讲解教义和"古兰经"。回到家立即洗手，宰杀牲畜。在节日期间，男女老幼都穿上节日盛装，走亲串邻，祝贺节日

说明：这里的节日日程指的是伊斯兰教教历。

后　语

在我国55个少数民族的366句会话系列读本的编写过程中,我们首先得到中国社会科学院有关领导、科研局,社会科学文献出版社的大力支持和关心,得到了民族同胞们的发音合作,以及口语资料的提供及协助整理调查。此外,中国社会科学院研究生院王晓明教授进行了英语口语翻译,该院俄语副教授栗瑞雪进行了俄语口语翻译,院民族所布日古德博士进行了日语口语翻译等工作。特别是,该课题组成员和编辑人员的高度使命感、责任心和敬业态度及其精神使这一富有语言文化抢救、保护、传承、弘扬性质的民族语言口语知识课题得以按部就班地顺利实施,并按原定计划予以出版。我们真诚地希望,这一55个少数民族的366句会话读本,能够为我国民族语言文化的繁荣发展发挥应有作用,同时对我国民族语言文化知识的传承、传播,以及对外宣传我国民族语言文化保护政策起到积极的推动作用。

在此，对于关心民族语言文化事业的人们，并为此付出辛勤劳动和心血的人们，再一次表示深深的谢意和最为崇高的敬意！但愿，我们的这套丛书，能够留下我们共同度过的快乐的劳动时光，能够留下我们美好的心愿，能够留下这些弥足珍贵的人类语言知识和文化遗产。

Postscript

During the preparation of this series, we received a lot of support and encouragement from the leadership of the Chinese Academy of Social Sciences, the Research Bureau and the Social Sciences Academic Press. Our national compatriots also cooperated with us by helping us with the pronunciation of their ethnic minority language and the organization of oral materials. We want to thank Professor Wang Xiaoming of the Graduate School of the Chinese Academy of Social Sciences for the oral English translation and Associate Professor Li Ruixue, who also works in the Graduate School of the Chinese Academy of Social Sciences for the oral Russian translation. We are also grateful to Dr. Buri Gude, a researcher with the Chinese Academy of Social Sciences, for his oral Japanese translation. In particular, all the participants in this project showed a strong sense of commitment in completing the research and its publication successfully. We sincerely hope that this collection of 366 sentences in 55 minority ethnic languages can play a role in promoting the flourishing and development of China's ethnic languages and cultures, and in the preservation and dissemination of our ethnic language heritage. We also hope that, it can be helpful toward allowing the international community to better understand China's policies for ethnic language preservation.

Here, we once again express our deep gratitude toward and the highest respect for the people who have been concerned about our nation's ethnic languages and cultures and working hard in this field. Finally, we hope this series can provide a record of the wonderful time we spent together working on this project, and of our best wishes for our nation's cultures. In the meantime, we hope it can preserve our precious human language knowledge and cultural heritage.

Заключение

Когда мы составляли эту серию 《366 фраз диалогических речей по 55 национальностям Китая》, мы получили большую поддержку и заботу от руководителей АОН, от руководителей из научно-исследавательского бюро АОН, от руководителей из Издательства документов общественных наук. Мы ещё получили эффективное сотрудничесво по произношении и предоставлении разговорных информациях от товарищей национального меньшинства. В этой книге часть на английском языке переведена профессором Вань Саомин, часть на русском языке переведена профессором Су ЖуйЩей, часть на японскои языке переведена доктором Бургуде. Все наши работники прилежно работали с миссей и чувством и поэтому выполнили эту задачу во срок.

Надеемся на то, чтобы 《366 фраз диалогических речей по 55 национальностям Китая》 могли играть достойную роль в деле процветании и развитии национальных языковых культур нашей страны.

Хотим ещё раз благодарить всем, которые отдали свои усердный труд для этих книг, и выразить им наше глубокое уважение. Будем всегда запомнить такое прекрасное время, когда мы вместе работали над этими книгами. Желаем, приложив совместные усилия, чтоюы мы смогли сохранить эти драгоценные знания национальных языков и культурное наследство человечества.

あとがき

　55の少数民族の366句会話読本シリーズを編纂するにあたって、中国社会科学院・科研局・社会科学院文献出版社の関係各位から、多大な支持と関心が寄せられた。同時に、当該民族のインフォーマントの方々から、発音と口語資料整理につき、数々の御協力を得ることが出来た。さらに、中国社会科学院研究生院の王暁明教授に英訳、栗瑞雪副教授にロシア語訳、当院の民族学・人類学研究所の布日古德博士に日本語訳をお願いした。

　プロジェクトのメンバーと編集者は、出版にあたって、強い使命感と責任感をもって取り組んだが、そのためプロジェクトは順調に進み、計画通り出版されるに至った。

　この366句会話資料が、私達の国の民族言語文化の繁栄と発展に寄与すると同時に、民族言語文化知識

の伝承や民族言語文化の保護などの優れた民族政策を、対外的に宣伝する役割を果たすことを切実に願っている。最後に再び、言語文化事業に関心を寄せる人、またこの事業に心血を注いだ方々に、心からの謝意と敬意を払いたいと思う。この読本シリーズが出版されることにより、人類の貴重な言語知識と文化遺産が記録されるのは当然のこととして、さらに、私達が作業に励んだ楽しい時間や、なによりも私達の心からの願いが記録されることであろう。

图书在版编目（CIP）数据

保安语366句会话句/哈申格日乐著．—北京：社会科学文献出版社，2014.2
ISBN 978-7-5097-5332-3

Ⅰ.①保… Ⅱ.①哈… Ⅲ.①保安语-口语 Ⅳ.①H234.94

中国版本图书馆 CIP 数据核字（2013）第278712号

保安语366句会话句

著　　者／哈申格日乐

出 版 人／谢寿光
出 版 者／社会科学文献出版社
地　　址／北京市西城区北三环中路甲29号院3号楼华龙大厦
邮政编码／100029

责任部门／人文分社（010）59367215
电子信箱／renwen@ssap.cn
项目统筹／宋月华　范　迎
责任编辑／范　迎　王玉霞　梁　帆　张苏琴　胡　亮
责任印制／岳　阳
经　　销／社会科学文献出版社市场营销中心
　　　　　（010）59367081　59367089
读者服务／读者服务中心（010）59367028

印　　装／三河市尚艺印装有限公司
开　　本／889mm×1194mm　1/32　　印　张／6.25
版　　次／2014年2月第1版　　　　　字　数／106千字
印　　次／2014年2月第1次印刷
书　　号／ISBN 978-7-5097-5332-3
定　　价／35.00元

本书如有破损、缺页、装订错误，请与本社读者服务中心联系更换
▲ 版权所有　翻印必究